Pierre Pradervand

L'audace d'aimer : une voie vers la liberté intérieure

L'itinéraire spirituel de Roger W. McGowen

jouvence
EDITIONS

Extraits des ouvrages du même auteur,
aux Éditions Jouvence

Le grand oui à la vie!, 2009
Vivre sa spiritualité au quotidien (n.e.), 2007
Apprendre à s'aimer, 2006
Gérer mon argent dans la liberté, 2004
Vivre le temps autrement, 2004
Messages de vie du couloir de la mort, 2003
Plus jamais victime, 2001
Le bonheur, ça s'apprend, 2001

Catalogue gratuit sur simple demande
ÉDITIONS JOUVENCE
Suisse : CP 184, 1233 Bernex-Genève
France : BP 90107, 74161 Saint Julien en Genevois Cedex
Mail : info@editions-jouvence.com
Site internet : www.editions-jouvence.com

ISBN 978-2-88353-986-0

Composition : Nelly Irniger (n.irniger@gmail.com)
Couverture : éditions jouvence et Fotolia.com: ©Radoma
Crédits photos : © Franck Guillemenot, extraites du documentaire de Nicolas Pallay, « Roger McGowen » p. 8, 38-39, 52-53, 95, 107, 152-153, 181 • © CS p. 64 • © Associated Press p. 83 • © pb p. 84-85, 151, 158 • © DM p. 110-111 • © Propriété de l'auteur p. 130 • © James V. Allridge III p. 165 (http://www.deathrow.at/allridge/movin_at.html) • ©Libération p. 169 • © TDCJ p. 49, 59, 90, 102-103, 115, 118, 134, 136, 139, 140-141, 144, 148, 166-167

Sommaire

Les prisonniers étant séparé des visiteurs par une épaisse vitre blindée, le seul moyen de communication est le téléphone.

P.S. Les images présentées ne sont hélas pas d'une qualité supérieure étant donné que leur prise en milieu carcéral n'est pas facilitée.

Introduction

Cet ouvrage est rédigé sur la base de la correspondance de Roger W. McGowen avec une quinzaine de personnes qui ont aimablement accepté de m'envoyer des extraits de leurs lettres. Qu'elles en soient ici très sincèrement remerciées !

En effet, les réactions au premier ouvrage, *Messages de vie du couloir de la mort* (Éd. Jouvence, 2003 – voir aussi p. 14), ayant été extraordinairement positives, le désir était grand de rédiger ce second livre portant plus spécifiquement sur le chemin spirituel de Roger qui est si riche d'enseignements.

Lors de ma visite annuelle en novembre 2010, je lui avais dit que je traduirais chaque page en anglais pour les lui soumettre avant d'envoyer le manuscrit à mon éditeur. Mais après y avoir pensé pendant la nuit, il me dit le lendemain que ce ne serait pas nécessaire et qu'il me faisait entièrement confiance pour transmettre ses idées. Je voudrais donc souligner que j'assume l'entière responsabilité de ces pages.

C'est *mon* interprétation du chemin spirituel de Roger. Lui seul pourrait vraiment en parler.

Roger W. McGowen, un homme dont l'exemple transforme des vies

« À cause de votre livre, je suis devenu volontaire dans un abri pour personnes défavorisées. Suite à sa lecture, je ne regarderai ni ne traiterai plus jamais les gens de la même façon et je m'efforcerai de ne faire que le bien. »

Ces mots sont ceux d'un adolescent de 13 ans, habitant Genève qui, comme des centaines de personnes à travers le monde, a été profondément touché par le combat pour la dignité et la survie que mène Roger dans l'un des endroits les plus hostiles de la planète (voir son livre *Messages de vie du couloir de la mort,* Éd. Jouvence, 2003).

Au 18 novembre 2011, Roger W. McGowen est depuis 24 ans dans le couloir de la mort, ce couloir de la mort du Texas qui doit bien compter parmi les pires endroits de la planète, soumis régulièrement à des *lockdowns* auxquels Roger fait souvent allusion dans ses lettres (il y en a plusieurs par année) et qui sont un régime de punition collective particulièrement dur : les détenus sont enfermés 24 h sur 24 des jours d'affilée, parfois battus ou neutralisés au gaz lacrymogène pour un rien ; ils n'ont souvent pour tout repas que deux ou trois sandwiches froids ; de très rares douches ; des fouilles systématiques des cellules pendant lesquelles leurs rares possessions sont, en leur absence, jetées sens dessus dessous, abîmées, voire détruites.

Après l'un de ces *lockdowns*, Roger écrit :

« Je n'ai jamais rencontré autant de haine concentrée en un seul endroit. »

Le petit-déjeuner est servi à 3 heures du matin, le repas de midi vers 9 heures et celui du soir entre 14 heures et 16 heures Parfois, le bruit est infernal, des détenus criant comme des bêtes des heures durant ou donnant des coups de pied dans les portes métalliques. À d'autres moments (par exemple avant l'exécution d'un détenu), il règne, à proprement parler, un silence de mort. Le harcèlement des détenus est constant, l'arbitraire tenant lieu de loi pour certains gardiens et le système lui-même. Le couloir de la mort est un endroit sans rationalité aucune. Beaucoup de gardiens interprètent le règlement au petit bonheur, selon leur humeur du moment, et chaque fois qu'un nouveau surveillant-chef de la prison est nommé, lui aussi se livre à de nouvelles interprétations du règlement. Parfois, les détenus grelottent dans leurs cellules, soit à l'approche de l'hiver si on n'a pas mis le chauffage, soit parce qu'il est réglé beaucoup trop bas et parfois, ils meurent littéralement de chaud en été. C'est ainsi qu'un ami de Roger est mort d'un problème cardiaque parce qu'il faisait presque 50 degrés dans sa cellule. Deux mois plus tard, Roger se plaignait d'avoir mal aux articulations tellement il faisait froid... Certaines cellules laissent en effet entrer l'eau quand il pleut, les murs extérieurs n'étant pas étanches.

> « *Vivre dans un endroit tel que celui-ci plus de dix ans est une expérience de solitude profonde, quel que soit le nombre de personnes qui vous entourent. La solitude dont je parle est une forme de solitude qui, insidieusement, s'infiltre et s'installe dans vos os même où elle pénètre jusqu'à la moelle. C'est difficile à décrire* », confie Roger.

Dans une série de prisons des États-Unis appelées *supermax* (pour sécurité maximum), les détenus sont en isolement complet 24 heures sur 24, ce qui s'apparente incontestablement à une forme de torture. Le couloir de la mort du Texas est, avec celui de l'Oklahoma, le seul où les détenus n'ont pas accès à la télévision. Stuart Grassian, un psychologue de Boston qui a interviewé des centaines de détenus, estime qu'un tiers de ces derniers développent une forme avancée de maladie mentale. Des études nombreuses sur les otages isolés pendant des années soulignent l'horreur absolue du système. Aux USA, des dizaines de milliers de prisonniers sont ainsi détenus en isolement complet dans plus d'une soixantaine de prisons dites *supermax*. Que chacun essaie de s'imaginer un instant comment il survivrait dans un endroit où alternent des périodes de silence total et un bruit continuel insupportable auquel se mêlent les cris hallucinants de ceux qui deviennent fous. Que dire alors de l'accomplissement spirituel personnel dans un tel cadre!

De plus, lorsque vous vous savez innocent – comme certains de vos amis qui, eux, ont déjà été exécutés – il y a de quoi devenir fou. Roger a vu mourir plus de 360 détenus pendant ses 24 ans passés dans le couloir de la mort, dont beaucoup étaient devenus des amis.

Fous, c'est exactement ce que certains deviennent. D'autres se transforment en monstres de violence ou choisissent le suicide comme voie de sortie, quand ils ne s'automutilent pas ou passent à l'état de zombies. Et puis, certains, comme Roger Wayne McGowen, deviennent des maîtres de vie.

Il écrit en 2002 :

« Mais à travers tout ceci, nous sourions, nous rions, nous nous faisons des amis, nous croyons, nous prions, nous vivons et nous mourons (dans une cellule de 2 mètres sur 3 !). Beaucoup de gens nous demandent : "Mais comment faites-vous jour après jour pour ne pas devenir fou ?" Et je réponds : "Nous transformons ce qui est

le plus nuisible en ce qui est le plus positif, nous avons pris la haine qui nous était offerte et nous l'avons rendue sous forme d'amour..." Regardant le ciel, j'ai réalisé un jour que même si j'aimais sa couleur bleue, elle ne m'avait pas manqué et je me suis demandé pourquoi. Et la réponse fut : j'avais tout ce dont j'ai besoin en moi et n'avais nul besoin de sortir de moi-même. En moi, il y a aussi un soleil, une lune, de l'herbe verte et un ciel très bleu et très beau. Alors, j'ai ôté le papier qui bloquait ma fenêtre pour permettre à la lumière d'entrer. Maintenant, mon monde a deux lunes et deux soleils et mon amour et ma compréhension de moi-même ont aussi doublé. Chaque jour, j'apprends quelque chose sur moi-même et cela me rend heureux... Merci de m'aimer. »

Roger est depuis bientôt un quart de siècle dans le couloir de la mort pour un crime qu'il n'a pas commis. J'ai entendu parler de lui en 1997 par une de ses correspondantes, alors qu'une date d'exécution avait été fixée pour lui. En janvier 2006, j'ai mis sur pied un comité de soutien international, composé de lectrices et de lecteurs qui m'avaient écrit[1] et à la fin de la même année, nous avons engagé un avocat privé pour le défendre et déposer une demande de révision du procès.

Il faut savoir que les avocats commis d'office aux USA sont souvent notoirement incompétents, surtout au Texas qui détient – et de très loin – le record des exécutions dans ce pays. Le premier avocat commis d'office de Roger, alcoolique invétéré, n'a pas donné le moindre coup de téléphone pour chercher au moins à vérifier l'alibi de son client et il lui est même arrivé de s'endormir en pleine séance du tribunal pendant le procès !

Aux USA, la justice est extrêmement chère et les Noirs pauvres n'ont tout simplement pas les moyens de se payer un bon avocat, ce qui est une des raisons pour lesquelles il y a, proportionnellement à leur nombre dans l'ensemble du pays, infiniment plus de Noirs condamnés à mort que de Blancs.

Dans le cas de Roger, c'est avant tout grâce à la générosité des lecteurs que nous avons pu réunir l'argent nécessaire. Une lectrice de Zurich nous a même envoyé 50 000 francs suisses, à l'époque 35 000 euros. Des retraités aux moyens très modestes nous ont envoyé 10 euros en s'excusant de ne pas pouvoir faire plus. Des musiciens ont organisé des soirées en sa faveur. Un Suisse ayant largement dépassé l'âge de la retraite chante depuis 2007 dans des maisons de retraite. Il a une guitare et chante merveilleusement. De cette façon, il a récolté à lui seul des milliers d'euros. Chacun y va de son obole, parfois très généreuse : « *Beaucoup de petits affluents font le grand Zambèze* », dit un proverbe africain.

Le Zambèze de Roger s'est enrichi de tous ces affluents.

Dans les stages *Vivre autrement* que je donne, je décris l'argent comme pouvant être une énergie d'amour. Dans le cas de Roger, rarement affirmation aura été plus vraie que celle-là !

Ma correspondance avec Roger a débuté en février 1997. De l'enfer du Ellis One Unit, le couloir de la mort situé alors dans la ville de Huntsville, j'ai commencé à recevoir des lettres d'une telle force, beauté et profondeur que je me suis dit que je ne pouvais pas les garder pour moi-même. J'ai donc rédigé un livre d'extraits de ses lettres écrites entre 1997 et 2003 et j'ai trouvé aux Éditions Jouvence une ouverture exceptionnelle. En effet, cet ouvrage, *Messages de vie du couloir de la mort,* ne correspondait absolument pas au type de publications de cet éditeur spécialisé dans la santé et le bien-être et il prenait un risque certain en le publiant.

Mais le pari a été plus que relevé. Sans devenir un *best-seller,* ce livre a eu un impact extraordinaire et a commencé à transformer des vies en profondeur, comme le montrent les témoignages ci-dessous. Roger s'est mis à recevoir des lettres du monde entier et, depuis des années, il en reçoit tellement qu'il est débordé. Lors de ma visite annuelle en novembre 2010, il me disait écrire souvent huit heures d'affilée pour rattraper le retard dans sa correspondance !

Roger lui-même a été stupéfait du succès du livre et m'a écrit :

> *« Le livre a pris un élan, une vie qui lui sont propres. Ni toi ni moi ne pouvons arrêter son essor. Je reçois des lettres de lecteurs me disant que la simple lecture du livre a transformé leur vie. Je suis touché, vraiment touché. Je suis étonné de voir comment Dieu travaille et comment une petite étincelle peut générer un feu dévorant ! Je crois que Dieu a ôté le livre de nos mains et qu'il appartient maintenant au monde… Assis dans cette cellule froide en train de t'écrire, tu ne peux imaginer tout l'amour que je ressens. L'amour est comme un feu : il se déplace si rapidement qu'il n'y a rien que l'on puisse faire si ce n'est être consumé par lui. »*

Dans le monde où nous vivons, de plus en plus connecté mentalement et physiquement, il importe de souligner que le combat pour la libération de Roger contribue également à la lutte de tous ceux qui sont dans sa situation et au combat pour la suppression de la peine de mort en soi. L'engagement dans cette cause de nombreuses personnes suite à leur lecture du livre est l'illustration de ce fait.

Réactions de lectrices et de lecteurs

Le livre a non seulement bouleversé l'existence d'hommes et de femmes, mais il a également profondément transformé la vie de Roger. En effet, cet homme qui, avant 2003, n'avait que quelques correspondants, de rares visites et plus aucun contact avec sa famille depuis 16 ans, pouvait se demander quel était le sens de ces années apparemment « perdues ». Or, depuis la parution du livre, il n'arrive même pas à répondre à toutes les lettres qu'il reçoit et il a repris contact avec sa famille. Il reçoit régulièrement des visiteurs selon un calendrier établi six mois à l'avance et surtout, il réalise que depuis l'enfer où il vit, il peut toucher des vies qui sont transformées dans le monde entier. En outre, il a maintenant deux excellents avocats qui s'occupent de sa cause et ont réussi, au printemps 2010, à faire suspendre sa peine de mort. Depuis cette date, il attend qu'une cour fédérale de la Nouvelle-Orléans statue sur son cas. C'est vraiment gagnant-gagnant !

Voici quelques extraits tirés d'un épais dossier de lettres reçues de correspondants de nombreux pays et qui soulignent tous l'impact profond que le message de Roger a eu sur eux :

« Je suis infiniment reconnaissante que vous m'ayez permis d'accéder au message de Roger. C'est pour moi comme si une prise avait été déconnectée. Pendant des années, j'ai cherché, j'ai lu, j'ai appris, j'ai cru comprendre. Et c'est un prisonnier du fond du couloir de la mort qui m'a fait vraiment saisir, ressentir ce qui est essentiel, ce qui rend libre et qui m'a permis d'ouvrir la porte à cet Amour infini. La prise est reconnectée et je vis chaque jour comme une nouvelle aventure.

Vous ne pouvez pas savoir toutes les belles choses que vous m'avez apportées, simplement parce que vous êtes qui vous êtes. J'ai reçu de vous ce message que c'est l'amour qui nous rend libres ! C'est vraiment étonnant que ce soit vous qui m'ayez donné ce message. Depuis que j'ai commencé à comprendre cela, non pas avec la tête, mais avec le cœur, tout autour de moi a commencé à changer. »

Une autre femme, professeur de lettres dans un lycée français, offre ce témoignage :

« Roger est un exemple concret d'amour ne se contentant pas de mots, mais vivant, dans un quotidien d'enfer, le pardon, l'entraide, le respect de l'autre au-delà de toute raison humaine. L'idée m'est venue de parler de Roger à mes étudiants, de faire du grave problème de la peine de mort, plus particulièrement au Texas, le thème de notre année… Quelle émotion quand une étudiante est venue me voir à la fin d'un cours pour me confier : "Mon frère est en prison. Ma famille et moi l'avions renié. Nous étions trop honteux de ce qu'il avait fait. Mais grâce à Roger, nous avons réfléchi et décidé d'écrire à notre frère. Puis nous avons demandé à le voir. Maman et lui ont éclaté en sanglots quand ils se sont revus après tant de mois. Depuis, on demande un droit de visite régulier. Mon frère n'est pas perdu. Je voulais vous le dire et remercier Roger." »

Un prisonnier du couloir de la mort au Texas qui réconcilie par son exemple une famille française à des milliers de kilomètres, voilà qui n'est pas banal !

Depuis 15 ans, je travaille comme visiteur bénévole à la prison de Genève, Champ Dollon. Un jeune, incarcéré pour meurtre, a découvert le livre de Roger à la bibliothèque et l'a lu trois fois, en versant beaucoup de larmes. Il a commencé avec lui une correspondance qui dure maintenant depuis des années. Dans le livre, Roger parle avec une grande admiration du travail de ma femme Elly, dont la fondation œuvre tant pour les droits des femmes rurales que contre la violence et les abus envers les enfants dans le monde. Il avait même envoyé un peu de son très modeste pécule pour soutenir ce travail! Le jeune en question a été tellement touché par ce que Roger écrivait du travail de la fondation qu'il a organisé une collecte parmi les détenus de la prison en faveur de cette dernière!

Il est particulièrement émouvant de voir l'impact de l'exemple de Roger sur les détenues et détenus. Une prisonnière d'une prison française, Valérie, m'écrit comment elle fait connaître le message de Roger dans son établissement et, par les aumôniers, dans d'autres prisons de la région :

> *« Je vous demande de me guider pour ce qu'il m'est possible de faire pour pouvoir contribuer efficacement à la lutte contre la peine de mort en gardant tact, sagesse et recul. »*

Un très cher ami belge m'écrit :

> *« Je viens de terminer, vraiment "sonné", la lecture du livre de Roger. Je te suis reconnaissant de me l'avoir donné et je sais qu'il me restera fiché au cœur. "Quand vous haïssez, vous n'êtes pas différent de la personne que vous haïssez", écrit Roger. On croirait entendre Gandhi :* "Le mal ne triomphe jamais, il est son propre ennemi." *Pour écrire cela au milieu de la plus indescriptible des injustices et de la plus ignoble des méchancetés quotidiennement infligées de manière totalement arbitraire et cruelle, il faut la trempe d'Etty Hillesum ou de Nelson Mandela. »*

Une lectrice française, Isabelle, partage son ressenti :

« Je crois qu'il m'est impossible de trouver les mots pour vous dire ce que je ressens et il me semble qu'une telle beauté appelle le silence. »

Un ancien rapporteur spécial des Nations Unies sur la faim me confie :

« Merci pour ce livre bouleversant. Il m'a touché profondément. Roger McGowen est un être lumineux. Dis-lui mon admiration, ma solidarité et ma gratitude. »

Ce que Brigitte, une Belge flamande, a découvert grâce au livre nous concerne tous directement :

« Quelle évolution spirituelle Roger a connue ! Je comprends maintenant que si quelqu'un est traité de cette façon, c'est la responsabilité de tous et de toutes. En effet, tant qu'il y a de la haine dans nos cœurs, nous coopérons avec les gardiens. En lisant le livre, je me suis rendu compte que je devrais prier pour les gardiens, pour un Dutrout[2]*, les gens cruels, les psychopathes, le président Bush, les toxicomanes, mon ex-mari… J'ai eu beaucoup de réconfort grâce à ce que vous avez écrit. J'ai découvert le sens de la souffrance par la souffrance de Roger McGowen. »*

Quant à Clotilde, mère de famille très engagée dans la construction d'un monde meilleur, elle exprime l'opinion de nombreux lecteurs :

« La détermination de Roger à ouvrir les portes de l'Amour, jour après jour, lui a permis d'aller à la rencontre de sa nature divine. Son exemple me nourrit intérieurement. L'exemple est tellement plus fort, plus contagieux qu'une théorie. En voyant l'univers dans lequel il vit et de quelle manière il se positionne et réagit, je me sens petite avec mon égoïsme, mes moments de déprime ou de colère, alors que je vis entourée de tant de liberté, de confort et de facilité ! Maintenant, lorsque j'ouvre mes volets chaque matin et que je vois la beauté de l'univers, je ne peux m'empêcher d'avoir une gratitude infinie de pouvoir le faire et de le faire en pensée avec tous ceux qui n'ont pas cette chance. Je pose sur chacune des personnes que je côtoie un regard de plus en plus profond et aimant, avec le meilleur de moi-même. Oui, Roger donne du poids et de la valeur à tout ce que je fais. Et il me permet de vivre en unité avec toute l'humanité. »

L'impact de l'attitude de Roger sur le comportement des lecteurs touche souvent aux plus petits détails de la vie. Dans une des lettres du livre, il explique qu'il ne tue jamais les insectes qui traversent ou partagent sa cellule, car ils sont tous des incarnations de la vie. Un lecteur de son ouvrage m'écrit :

« Dites à Roger que depuis la lecture de son livre, je laisse vivre les araignées chez moi et qu'il me devient difficile, voire impossible de me plaindre. »

Cela fait certainement plus de 10 ans que Roger n'a pas pu donner ou recevoir une accolade. Ses visiteurs, même son avocat, lui parlent par téléphone à travers une épaisse vitre blindée. Cécile, mère de cinq enfants, fait ce commentaire poignant :

« Quant aux démonstrations affectives qui lui manquent si cruellement, je m'engage à les prodiguer le plus possible à ceux qui m'entourent, en lieu et place de celles qu'il n'a pas reçues. »

Les lettres de correspondants de plus en plus nombreux que je reçois traduisent cette prise de conscience grandissante, et si frappante à l'échelle planétaire, au sujet de laquelle Roger écrit depuis des années, à savoir qu'il n'existe en fait qu'une seule Vie Infinie dans l'univers dont nous sommes toutes et tous l'expression, Vie qui nous relie tous.

Parlant du livre, deux jeunes femmes, Catherine et Isabelle, écrivent respectivement :

« Merci, un grand merci à Roger. Après la lecture de ses Messages de vie, *sa présence est restée très forte, comme un ange, un ami, un garde-fou contre mes apitoiements sans fondement. Il m'aide aussi à ouvrir la porte de la spiritualité, cette porte que je ne voulais plus ouvrir depuis mon enfance, cette enfance où la croyance était intolérance. »*

« C'est le plus grand coup de pied aux fesses que j'aie jamais reçu de ma vie. Depuis, je ne vois plus la vie de la même façon. »

En Suisse, le livre a été vendu pendant longtemps dans les bureaux de poste où une autre lectrice, Marielle, l'a trouvé.

« Après la lecture des lettres de Roger, j'ai pris mon chapelet et prié pour la première fois de ma vie avec cœur, en communion avec Dieu. Je suis retournée au bureau de poste pour acheter tous les exemplaires disponibles sur l'étagère et les offrir. Je voulais que le monde entier connaisse Roger. »

Une autre femme, qui s'efforçait de gérer de graves problèmes de couple, dont une violence verbale extrême, m'écrit à propos d'une crise avec son compagnon :

« *À ce moment-là, j'ai complètement fait mienne la phrase de Roger : "Il est plus facile d'aimer que de haïr" (dans mon cas : que de se résigner à souffrir). Je comprenais le sens, mais le mot "facile" n'allait pas de soi pour moi… Or, c'est Roger qui m'a fait comprendre et intégrer tout le sens de ces mots. C'est la force de son exemple qui m'a ouvert l'esprit sur cette sensation de "facilité". Dans le contexte de violence inouïe dans lequel il est plongé, il n'y a qu'une issue de vie ou de survie possible pour lui, c'est celle-ci :* aimer. *Au fil des pages, j'ai admis que c'est la seule vérité qui tienne, cela m'est apparu comme une évidence car, sans cet amour qui l'habite, il deviendrait fou. Alors oui, ça ne peut qu'être facile d'aimer. Toute autre attitude est beaucoup plus difficile, car elle ne conduit qu'à la souffrance.* »

Une lectrice anglophone de l'Oregon envoie, quant à elle, un don substantiel avec un mot de remerciement disant :

« *Mettre de côté* Messages de vie du couloir de la mort *quand j'en eus terminé la lecture, c'était comme ne plus avoir de nouvelles d'un bon ami. Mais j'ai vite découvert que l'influence de Roger m'accompagne tous les jours. Son amour, son courage, sa patience, sa persévérance et sa ténacité sont une inspiration constante. Tant de fois, je me suis surprise en train de penser : "Je ne peux pas laisser ceci m'atteindre. Pense à tout ce que Roger a dû affronter et qu'il a traversé avec l'amour !" Il m'a aidée à être une meilleure personne par son exemple consistant à vivre et à être l'amour que nous sommes naturellement.* »

Et sur le site de l'éditeur anglais du livre, Cygnus Books, une lectrice de ce pays a posté ce commentaire illustrant la prise de conscience de tant de lecteurs :

« C'est une histoire qui change les vies. Plus jamais, je ne me plaindrai. Cela m'a fait regarder la vie d'une tout autre façon. »

Ces lettres témoignent de la puissance de transformation profonde que le livre a générée, chez les lecteurs anglophones également. Certains m'ont écrit que leur vie en a été bouleversée, comme cette jeune musulmane qui me dit qu'elle prie cinq fois par jour pour Roger.

L'histoire de Roger

Roger Wayne McGowen est le septième de dix enfants (de neuf pères différents – seule Roger et sa sœur Michèle sont du même père). Il est né en 1963 dans le « 5th Ward », à l'époque un des pires ghettos de Houston, Texas. Il eut une enfance très difficile, mais ses sœurs (qui ont presque toutes connu la prison) disent que Roger était différent. Contrairement à son frère Charles qu'il adorait, mais qui sombra dès son plus jeune âge dans la délinquance et plus tard dans la criminalité, il marchait « droit » et très tôt, commença à travailler en dehors de l'école pour aider ses sœurs. Son père, dont sa mère était alors séparée, mourut alors que Roger était encore enfant, tué par un cambrioleur à l'âge de 42 ans.

Roger était extrêmement attaché à sa mère ainsi qu'à sa grand-mère et à son arrière-grand-mère. Elles lui donnèrent une solide éducation biblique qui l'a accompagné toute sa vie, même si Roger ne se réclame d'aucune religion. On peut le décrire comme un penseur spirituel indépendant, quoique toujours proche de ses racines chrétiennes. Peu après ses 22 ans, sa mère fut emmenée à l'hôpital où elle resta plusieurs jours dans le coma. Dans une de ses lettres non datées, il me raconta l'événement qui le poussa à se laisser accuser d'un crime que son frère aurait commis et qui fit basculer toute sa vie :

> *« Pendant que je lui rendais visite à l'hôpital, elle sortit de son coma. Elle parlait de façon très incohérente. Elle commençait à parler d'une chose, puis au milieu de la phrase, elle passait à un autre sujet. Elle s'en rendit compte et commença à sourire. Elle me dit : "Roger, je ne veux pas mourir, mais je sens qu'il n'y a rien qui me sépare de Dieu. Je suis jeune. Il y a beaucoup de choses pour lesquelles je voudrais vivre, mais je suis en paix. Si je ne m'en tire pas, prends soin de ton frère ! Tu es fort et tu l'as toujours été. Ta vie a bien marché. Ce n'est pas le cas de ton frère. Il ne faut pas qu'il retourne en prison. Tu es l'épine dorsale de la famille. Prends soin d'elle !" Une des infirmières entra à ce moment dans la pièce, remarqua que je lui parlais et réalisa qu'elle était sortie du coma. Elle me fit alors sortir de la chambre en toute hâte et c'est la dernière fois que je vis ma mère. »*

À l'époque, Roger était le seul de la famille à avoir un travail régulier, dans un petit restaurant très modeste. Il passait régulièrement chez ses plus jeunes sœurs pour s'occuper d'elles, leur amener de la nourriture et vérifier que leurs factures étaient payées.

Il était aussi le seul à avoir une voiture, qu'il prêtait généreusement. Un jour, son frère Charles et son cousin Kerwin, qui habitait alors provisoirement avec Roger, l'empruntèrent pour aller, à son insu, commettre un hold-up dans un bar du quartier. Kerwin entra le premier, examina les lieux, y resta un moment à jouer au billard et en sortit un peu plus tard pour faire signe à Charles que le moment était propice. Ce dernier entra alors et se dirigea vers la caissière, à qui il demanda le contenu de la caisse, mais la propriétaire, Marion Panzer, qui parlait avec une cliente à quelques mètres de là, sortit un revolver et lui tira dessus, l'atteignant à la jambe. Charles riposta, la tuant, et s'enfuit. Plus tard, il avoua à son frère avoir été impliqué dans ce crime dont Roger avait entendu parler.

Ce jour-là, lorsqu'il revint du travail, Roger avait trouvé dans l'appartement un gros morceau de coton tout imbibé de sang, qu'il se contenta de jeter dans les toilettes sans chercher à savoir ce qui s'était passé… Quelques semaines plus tard, la police vint le chercher et le soumit à un interrogatoire intensif de sept heures à propos du crime, un témoin ayant sans doute relevé le numéro de la plaque minéralogique de la voiture.

Sa mère lui ayant demandé peu avant de mourir de prendre soin de Charles, il admit dans un premier temps être l'auteur du crime. Une autre raison explique ce qu'il fit alors, comme il le confie à l'une de ses premières correspondantes :

> « *Quand j'ai décidé de me laisser accuser à la place de mon frère, je l'ai fait parce qu'il avait passé la majeure partie de sa vie adulte en prison et celle-ci avait fait de lui ce qu'il était. J'avais l'espoir que cet acte d'amour envers lui l'aiderait à changer et qu'il se donnerait des buts valables dans l'existence. J'ai même rêvé un jour qu'il s'en sortirait, mais il mourut en rêvant de quelque chose qu'il ne put obtenir.* »

En effet, quelques mois plus tard, Charles fut abattu par la police lors d'un énième hold-up et on nota à la morgue qu'il portait la cicatrice d'une blessure à la jambe. Ce fut le moment le plus dur de la vie de Roger, lorsqu'il réalisa que son sacrifice avait apparemment été totalement inutile.

Un des policiers qui questionna Roger l'assura que, n'ayant pas de casier judiciaire, il écoperait d'une peine moindre et certainement pas de la peine de mort. Quant à Roger, comme absolument rien ne le reliait au crime et que, de plus, il avait un alibi, il pensait que son innocence serait reconnue au cours du procès. Il ignorait malheureusement que la défense serait au-dessous de tout!

Les policiers enregistrèrent sa confession d'une façon qui est maintenant illégale en la dactylographiant eux-mêmes et en lui faisant signer le document. Techniquement, ils avaient la possibilité d'enregistrer la confession sur vidéo, ce qui est aujourd'hui obligatoire dans plusieurs États, mais ils ne le firent pas. Il est important d'ajouter que jusqu'en septembre 2009, sur les 242 peines de prison annulées grâce à des analyses ADN effectuées dans le cadre d'enquêtes relatives à de graves délits (pour lesquels 17 personnes en particulier avaient été condamnées à mort), un quart des prévenus avaient été condamnés sur la base d'aveux forcés où, comme dans le cas de Roger, ils avaient reconnu des faits totalement faux!

Son procès fut une parodie de justice. Un détenu récidiviste en attente d'un nouveau jugement, N.W.R, avec lequel le procureur avait conclu un marché, déclara que lui et Roger avaient commis 1500 hold-ups sur une période de deux ans et demi, alors que Roger travaillait à plein temps! Cette pratique, qui consiste à octroyer une réduction de peine contre un faux témoignage, quoique courante aux USA, est bien évidemment criminelle et interdite par la loi. Mais surtout, l'avocat privé actuel a découvert que le procureur avait caché deux témoignages à décharge, affirmant que Roger n'était pas l'auteur du meurtre, ce qui, aux USA, est anticonstitutionnel, un *Brady claim* en langage juridique américain. C'est un des principaux arguments de notre avocat actuel pour demander l'ouverture d'un nouveau procès.

Arrêté le 29 avril 1986 et condamné à mort en mai 1987, Roger a donc passé plus de 25 ans (septembre 2011), soit plus de la moitié de sa vie, derrière les barreaux et presque entièrement dans le couloir de la mort, sachant mieux que quiconque qu'il n'a pas commis le crime dont on l'a accusé. Sur ces 25 ans, 12 ont passé sans qu'absolument rien ne se produise en relation avec son dossier. Après son entrée dans le couloir de la mort, quatre ans et demi se sont écoulés sans qu'il reçoive de nouvelles de l'avocat d'appel qui avait été commis d'office selon la loi après sa condamnation. Pendant tout ce temps, Roger n'eut aucune possibilité de le contacter. Quand il put enfin le faire par téléphone, celui-ci lui déclara tranquillement : *« Désolé, mais je ne peux pas vous représenter, car un des policiers qui a eu à s'occuper de votre affaire est un ami! » « Vous ne pouviez pas me le dire avant? »*, lui répondit Roger écœuré. Et comme si cela ne suffisait pas, son dossier resta plus tard sept ans et demi sur le bureau d'une juge d'instruction.

En 2005, un nouvel avocat commis d'office fut nommé, que Roger dut accepter à contrecœur tant sa réputation était catastrophique dans le couloir de la mort. Lorsqu'il le rencontra, il déclara d'emblée à Roger – et avant même d'avoir présenté son dossier à la Cour – qu'à son avis, il était un homme mort!

Au printemps 2006, cet avocat quitta heureusement le Texas, ce qui donna à son groupe de soutien international la possibilité d'embaucher, fin 2006, un excellent avocat privé demandant des honoraires raisonnables pour le Texas. Le premier avocat que Roger m'avait demandé de contacter, connu pour avoir sorti trois personnes du couloir de la mort, m'avait demandé d'entrée 500 000 dollars juste pour commencer à travailler sur le dossier! Par la suite, un autre excellent avocat commis d'office (il y en a, heureusement), fut également nommé par l'État, ce qui fait que Roger a maintenant une équipe juridique solide pour le soutenir.

Après diverses péripéties juridiques, à Pâques 2010, la juge de Houston en charge du dossier admit, sans pour autant reconnaître l'innocence de Roger, qu'il n'aurait jamais dû être condamné à mort en raison des graves irrégularités juridiques commises lors du procès en 1987. La condamnation à mort fut donc suspendue, au grand soulagement des avocats de Roger qui, depuis ce moment-là, ne travaillent plus avec l'épée de Damoclès suspendue au-dessus de leur tête. Le procureur du Texas fit appel de ce jugement et le dossier fut transmis à l'une des neuf Cours Fédérales des USA, à La Nouvelle-Orléans.

Brève chronologie de la vie de Roger

23 décembre 1963 : Naissance de Roger W. McGowen à Houston, Texas.

1971 : Ses parents divorcent alors qu'il a huit ans.

14 février 1986 : Décès de sa mère, peu avant son arrestation.

11 mars 1986 : Marion Panzer, la propriétaire du club « Just Marion and Lynn » à Houston, est tuée lors d'un hold-up à main armée, probablement par le frère de Roger, Charles.

29 avril 1986 : Roger, âgé de 23 ans, est arrêté, puis incarcéré à la prison de Houston.

Mars 1987 : Charles, le frère aîné de Roger, est abattu par la police lors d'un hold-up.

15 mai 1987 : Roger est condamné à mort. Il a 23 ans.

18 novembre 1987 : Roger est transféré au couloir de la mort à Huntsville, Texas.

1996 : Roger est informé qu'il sera exécuté dans le courant de l'année.

1996 : Un premier Writ of Habeas Corpus, demandant une révision de son procès, est soumis, ce qui bloque automatiquement son exécution. La Cour d'Appel texane (Court of Criminal Appeals) rejette la demande.

1997 : Un groupe de soutien suisse *ad hoc*, constitué de quelques amis et correspondants de Roger, engage l'avocat privé Gary Taylor.

1998 : Un deuxième Habeas Corpus est soumis par Gary Taylor.

Début 2000 : Les condamnés à mort sont transférés à la Polunsky Unit de Livingston, Texas.

2005 : Gary Taylor quitte le Texas.

2005 : Le deuxième Habeas Corpus est rejeté après que le dossier de Roger soit resté sept ans sur le bureau de la juge d'instruction.

Janvier 2006 : Pierre Pradervand fonde le « Core Group », groupe international de soutien à Roger.

Fin 2006 : Le groupe international engage un nouvel avocat, Anthony Haughton, et l'État nomme Paul Mansur avocat d'office. David Dow, professeur de droit réputé, se joint à l'équipe de la défense.

2008 : Anthony Haughton soumet une nouvelle demande de révision du procès à la Cour d'État du Texas, demande qui sera rejetée.

2009 : La même demande est alors soumise à la Cour fédérale du District Houston Sud.

25 mars 2010 : La Cour du District juge que Roger n'aurait pas dû être condamné à mort.

Avril 2010 : L'État du Texas fait appel de ce jugement auprès de la Cour fédérale d'appel à la Nouvelle Orléans (5th Circuit Court).

Septembre 2010 : Les avocats de Roger déposent un « contre-recours », contestant le bien-fondé juridique de l'appel de l'Etat du Texas.

Février 2012 : La Cour fédérale n'a toujours pas rendu de jugement.

Plus de la moitié des 25 ans passés par Roger dans le couloir de la mort l'ont été dans l'attente de décisions judiciaires le concernant.

La conception de cet ouvrage

Un témoignage riche d'enseignements

Comme il a été dit en introduction, l'ouvrage est rédigé sur la base de la correspondance de Roger avec une quinzaine de personnes. J'ai repris quelques brefs passages du premier ouvrage, notamment la lettre tellement importante où il explique son choix conscient de ne plus se sentir victime, qui constitue une des bases de sa philosophie de vie, ainsi que le texte sur « Le simple art de bénir » (voir p. 125), qui eut une influence déterminante sur son cheminement spirituel, et quelques extraits de lettres sur ce thème où il explique ses premières applications de cette pratique.

Roger, qui est dans un endroit ressemblant plus à l'enfer qu'aux contreforts de l'Himalaya ou aux douces collines d'Assise, a choisi le chemin de l'amour inconditionnel.

Dans l'un de ses contes si savoureux dont il avait le secret, Tolstoï raconte l'histoire d'un évêque qui, au XIXe siècle, naviguait sur la Mer Noire. Sur le bateau, des pèlerins lui parlent d'une île proche où vivent trois ermites, de saints hommes qui passent leur vie en prière. Il demande alors au capitaine de se diriger vers cette île et ils parviennent tôt le lendemain à proximité de celle-ci. Sur le rivage, les trois hommes, comme par hasard, l'attendent. Après les présentations, l'évêque leur demande comment ils prient. *« Nous sommes trois, vous êtes trois, ayez pitié de nous »*, lui explique l'aîné des ermites. « *Vous connaissez au moins la Trinité, c'est bien, mais ce n'est pas comme cela qu'il faut prier!* » Et l'évêque de leur apprendre le Notre Père, processus extrêmement laborieux pour ces trois hommes illettrés et sans grande mémoire. Finalement, tout de même, vers le milieu de l'après-midi, ils réussissent à dire la prière sans accrocs. Satisfait de lui-même, l'évêque prend alors congé des ermites et s'en retourne au bateau.

La nuit venue, ne pouvant dormir, il veille sur le pont avec le timonier. Soudain, ce dernier pousse une exclamation et montre du doigt une lumière qui avance sur la mer. L'évêque, ahuri, reconnaît alors les trois ermites qui courent sur l'eau, arrivent jusqu'au navire et, suppliant, lui crient : « *Après votre départ, nous avons oublié des phrases du Notre Père! De grâce, redites-les nous!* » Se jetant à genoux et faisant le signe de croix, l'évêque leur dit : « *Vous n'avez pas besoin que je vous apprenne à prier. Priez plutôt pour nous, pauvres pêcheurs!* » Les ermites s'en retournèrent comme ils étaient venus. Il est dit que jusqu'au matin, on put voir le reflet de leur lumière sur l'eau…

« *Une profonde sincérité est assurée du succès, car Dieu y veille* », écrit Mary Baker Eddy, l'auteur de *Science et santé avec la clé des Écritures* (cf. bibliographie), un ouvrage spirituel dont Roger s'est nourri presque quotidiennement pendant des années.

Je tiens à souligner deux éléments-clés dans ce qui me semble être le chemin spirituel de Roger : la sincérité et la persévérance. Et de la persévérance, il lui en a fallu, non seulement pour tenir le coup, mais encore pour grandir et atteindre la stature qui est la sienne aujourd'hui.

Les grands thèmes du livre

Chaque chapitre s'ouvre, sur la page de gauche, avec un extrait d'une lettre de Roger, où il décrit les conditions de vie dans la prison, pour rappeler constamment au lecteur que ces lignes ont été rédigées non sur le balcon de l'hôtel Bellevue de Wengen, dans les Alpes suisses, en face du panorama majestueux de la Jungfrau, ou dans quelque bureau feutré et tranquille, mais dans l'un des pires endroits de la planète (on se souvient des *lockdowns* déjà abordés au début de cet ouvrage).

Toutes les citations en tête de chapitre ou de section sont de Roger, sauf une de Churchill dont le nom est indiqué.

En ce qui concerne la construction même du livre, nous avons divisé le « chemin » de Roger en quelques grands thèmes, développés en huit chapitres :

1 • Les luttes

On s'imagine bien que vivre l'amour dans le couloir de la mort est tout sauf une sinécure. C'est une lutte continuelle contre le doute, la dépression, les moments de cafard. Pas de psy pour vous accueillir gentiment sur son canapé quand vous avez le *blues*. Roger est devenu avec succès son propre psy, comme on le découvrira, avec sa méthode personnelle pour combattre la dépression.

2 • Les attitudes de base

Certaines attitudes fondamentales représentent une des clés que Roger a dû utiliser pour aller de l'avant.

- *L'apprentissage quotidien :* la vie est une école – expression devenue si banale, mais la vivre dans le couloir de la mort est autre chose !
- *L'acceptation de ce qui est :* je suis dans le couloir de la mort. Je peux l'accepter ou me révolter, **ce choix est le mien.** L'acceptation de la réalité est un choix qui s'imposa rapidement à Roger, ce qui lui évita de sombrer dans la révolte.
- *Le refus d'être victime* et, par conséquent, la décision d'assumer l'entière responsabilité de sa vie, est également une attitude de survie cruciale. Ceci est d'ailleurs valable pour tout un chacun ! N'est véritablement adulte que celui qui refuse de traverser la vie en victime.
- *La vie est un choix permanent.* À la limite même, on peut dire que chaque pensée représente un choix. Plus exactement, nous pouvons choisir d'entretenir des pensées positives ou, au contraire, d'entretenir des pensées négatives lorsqu'elles se présentent.
- *Réaliser que nos pensées conditionnent notre réalité* a été le tremplin qui a permis à Roger son envol. C'est une prise de conscience qui se fait de plus en plus dans le monde contemporain, mais la vivre au jour le jour dans un environnement où, physiquement, on ne contrôle absolument rien – ni ses heures de repas ou son alimentation, ni son entourage, ni la température ambiante, ni les sons et le bruit, ni l'accès aux soins de santé, ni ses visites, ni ses lectures, ni l'humeur des gardiens ou la vidéo qui les surveille, ni la température de la douche ou le nombre de lettres qu'on peut envoyer, ni ce qu'on a le droit d'acheter ou la qualité de ce qu'on leur offre, ni même l'odeur du lieu dans lequel on réside (quand j'ai rendu visite à Roger en novembre 2010, son voisin avait recouvert les murs de sa cellule de ses excréments et il vivait dans cette puanteur 24 heures sur 24...) – vivre cette prise de conscience, donc, tient soit de l'héroïsme, soit de la sagesse et peut-être sans doute des deux. Cela me semble le cas pour Roger.

- *La présence au présent* est particulièrement importante pour quelqu'un qui peut difficilement faire des plans pour un avenir apparemment totalement bouché.
- Enfin, *la persévérance* déjà mentionnée et sans laquelle rien de valable ne peut être atteint, quel que soit le domaine.

3 • La foi

Pour Roger, elle est essentielle. Il pense que la vie a un sens indéniable même si celui-ci lui échappe parfois, et il est convaincu qu'un plan divin dirige nos existences. Il voit et ressent l'unité de toutes choses dans cet univers qui, selon certains enseignements, est l'expression du Divin infini et omniprésent.

4 • La gratitude

Cette qualité revient sans cesse dans les lettres de Roger. Lors d'une récente visite, il me disait, le visage rayonnant, combien il était béni ! Il apprend à dire merci pour les plus petites choses, un gardien qui lui sourit… sans parler, bien sûr, de ses correspondants !

5 • Les outils

Roger a dû se forger toute une série d'outils spirituels pour non seulement survivre, mais grandir dans le couloir de la mort. Parmi ceux-ci, la bénédiction et le pardon sont fondamentaux. S'y ajoutent l'écoute, la prière et le respect… du sabbat ! Oui, même dans le couloir de la mort, Roger en est venu à être tellement actif qu'il a appris à mettre un jour de côté pour se refaire spirituellement.

6 • Les fruits

Ce sont la liberté, le bonheur et une préoccupation constante pour les souffrances du monde. Roger se tient informé par la radio et des revues. Comme déjà dit, il lui est arrivé d'envoyer de son petit pécule à une fondation suisse qui, avec des moyens extrêmement modestes, fait un travail extraordinaire auprès des plus pauvres, les femmes en milieu rural du Tiers-Monde et des enfants victimes de violence.

7 • Le couronnement

C'est l'amour inconditionnel. En 2010, après avoir passé exactement la moitié de sa vie dans le couloir de la mort, Roger écrivait à un correspondant français que c'était l'amour qui augmentait sa foi au point de ne pas avoir de regrets d'être dans le couloir de la mort. Selon lui, Dieu nous accorde seulement un certain espace et c'est à chacun de nous de faire en sorte que celui-ci soit rempli d'amour 24 heures sur 24. C'est la mission qu'il s'est donnée.

Le Père Thomas Keating, un bénédictin qui est une des voix actuelles les plus fortes et les plus écoutées sur la vie contemplative, a dit : « *Il y a autant de chemins spirituels que d'individus.* » Il n'y a pas de modèle juste, idéal du chemin spirituel, car comme le dit un proverbe, un chemin se trace en y marchant. Chaque individu est totalement unique, ce qui fait que chacun a nécessairement un chemin unique à se frayer. Ceci ne veut pas dire que des règles générales ne peuvent nous inspirer. À ce titre, le Tao-Te-King, le Sermon sur la Montagne et tant d'autres beaux textes sont là pour nous offrir des règles éprouvées depuis de nombreux siècles. Cependant, la façon d'appliquer ces règles sera toujours individuelle.

8 • Le rôle des correspondants

Le livre se termine par un chapitre sur le rôle extrêmement important des correspondants dans la vie de Roger. Dans son cas, ces derniers sont en majorité des femmes, 14 sur les 17 personnes, auxquelles je me suis adressé pour rédiger ce livre.

À moins d'être visiteur de prison comme je le suis, et surtout de correspondre avec un condamné à mort quelque part dans le monde (la plupart du temps aux USA, où il y en a plus de 3000), on ne peut réaliser à quel point la présence d'un(e) correspondant(e) ou de plusieurs, comme dans le cas de Roger, change la vie d'un condamné à mort. C'est un changement énorme. Sans eux, Roger serait mort depuis de nombreuses années. De plus, quand les détenus sont seuls dans leur cellule, la correspondance constitue un élément-clé de leur équilibre mental.

J'espère donc vivement que ce chapitre incitera des lecteurs à entrer en contact avec Amnesty International, Lifespark pour la Suisse ou toute autre organisation mettant les personnes en contact avec des détenus. Pour les USA, il faut écrire couramment l'anglais ou l'espagnol.

Florilège de pensées à méditer

Une brève section contient en conclusion diverses citations de Roger qui illustrent des aspects importants de sa façon d'appréhender le monde.

La plupart des lettres sont datées, mais il arrive que les dates ne soient pas toujours connues, soit que Roger ait omis de dater la lettre, soit que le correspondant ait recopié un fragment de celle-ci pour me l'envoyer. Pour les citations brèves, je n'ai en général pas mis de date pour ne pas trop alourdir le texte.

Roger n'est pas un écrivain et n'a fréquenté que l'école primaire. Je suis resté aussi près que possible de sa pensée. Il faut être bien conscient par ailleurs qu'il n'avait pas l'intention d'écrire un livre lorsqu'il rédigeait les lettres dont les extraits forment la matière de celui que vous tenez entre vos mains. En outre, comme on l'a vu, il lui arrive d'écrire jusqu'à huit lettres par jour ! Dans ces conditions, comme on l'imagine, il ne peut pas passer trop de temps à affiner sa pensée ou à soigner son style.

Parmi les points importants de l'expérience de Roger, ceux qui suivent me semblent ressortir plus particulièrement :

- *L'amour est la loi fondamentale de l'univers, la réponse à toute situation quelle qu'elle soit, notre raison d'exister, l'essence de ce que nous sommes. Aimer est facile, c'est haïr qui est difficile.*
- *Tout, absolument tout ce qui nous arrive peut être une occasion de grandir. La vie constitue un apprentissage constant.*
- *Nous pouvons refuser d'être victimes et assumer l'entière responsabilité de nos vies. Même le bonheur est un choix que l'on peut faire, quelles que soient les circonstances de sa vie.*
- *Dieu, qui est Amour infini, offre à chacun un champ illimité de possibilités afin qu'il puisse remplir la mission qui lui est assignée.*
- *Chacun crée sa propre réalité par sa façon de voir et d'interpréter les événements et les situations. Tout est subjectif puisque tout passe par le filtre de la conscience individuelle.*

À la fin de l'ouvrage, quelques feuillets vierges permettront à chacun, s'il le souhaite, de noter les mots de Roger qui l'ont particulièrement touché, créant ainsi un recueil personnel de pensées à méditer.

Pierre Pradervand

Cordon bleu Livingston :
trois sandwiches par jour en tout et pour tout

« Nous sommes sous lockdown *depuis le 15 novembre et je suis certain que ce sera encore le cas quand tu recevras cette lettre. Nous n'avons pas eu le droit d'aller au magasin de la prison depuis le 9 novembre et nous n'avons plus de nourriture* [3] *– et je dis bien : plus de nourriture ! C'est tout juste si nous avons aussi des timbres !*

Nous recevons les sandwiches habituels, mais devine, c'est encore pire qu'avant. Nous avons un sandwich le matin pour le petit-déjeuner, un sandwich au beurre d'arachide à midi avec peut-être un sandwich au saucisson et la même chose pour le repas du soir. Cela fait plus de quinze jours que nous mangeons de cette façon.

Plusieurs fois, le niveau de sucre dans mon sang est descendu si bas que j'ai failli m'évanouir [4]*. Je n'avais rien à manger et ce qui m'a sauvé fut l'intervention de mon voisin, qui m'a passé un morceau de chocolat.*

Le nouveau gardien chef s'appelle Z., il est d'origine allemande et fait marcher cette prison comme un camp de concentration. Il déteste le couloir de la mort et fait tout ce qu'il peut pour nous rendre malheureux… Je ne vais pas commencer à te raconter ce qu'ils nous ont fait subir les trente derniers jours. C'est comme un cauchemar ! Pas de douches pendant des jours, et ils ont confisqué pratiquement tout à certains détenus et beaucoup aux autres !

Nous avons écrit à tous nos amis, et beaucoup de détenus ont aussi écrit à leurs familles, pour que ces dernières portent plainte auprès du bureau du directeur régional contre ce que fait ce gardien-chef. On l'a chassé d'une autre prison parce qu'il faisait la même chose et maintenant, il recommence ici. Même les gardiens le détestent et nous disent que nous devons faire quelque chose, sinon ça va empirer. Et ce sont les gardiens qui nous le disent !

Nous n'avons qu'une heure de récréation par jour et il nous l'ôte chaque fois qu'il peut. L'eau de la douche est tellement chaude qu'on pourrait faire un café avec et on ne peut se mettre sous la douche plus de deux secondes sans être ébouillanté. Nous avons été sous lockdown *pour Thanksgiving* [5] *et il semble maintenant que nous le serons pour Noël et Nouvel An. »* (1er décembre 2001)

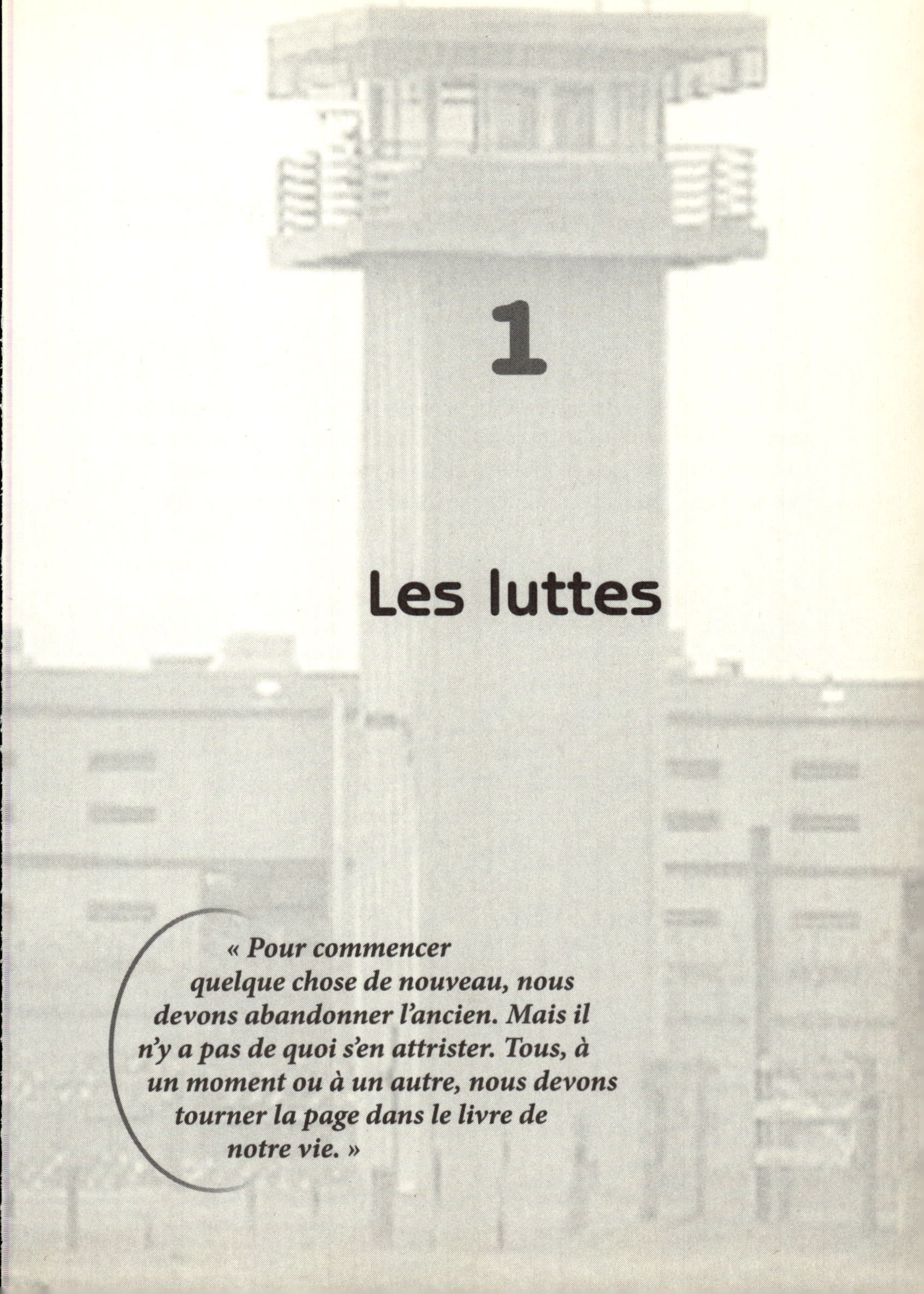

1

Les luttes

« Pour commencer quelque chose de nouveau, nous devons abandonner l'ancien. Mais il n'y a pas de quoi s'en attrister. Tous, à un moment ou à un autre, nous devons tourner la page dans le livre de notre vie. »

Les plus grands noms de la spiritualité ont connu de terribles luttes, des moments de doute profond où l'existence même de Dieu était remise en question.

Dans l'Ancien Testament, le prophète Elie subit la haine de la reine Jézabel qui veut le tuer. Il s'enfuit dans le désert où il supplie Dieu de lui ôter la vie. Certains connaissent aussi la nuit de la foi de St Jean de la Croix et les luttes intérieures épiques de l'apôtre Paul auxquelles ses épîtres font écho. J'avançais moi-même, à une époque de ma vie, dans de verts pâturages en me disant : *« Ça y est mon vieux, tu es enfin arrivé! Plus de luttes! »* Combien j'ai dû déchanter depuis…

Traverser la colère, les doutes, le découragement

Quant à Roger, il est passé, au cours de ses 25 ans dans le couloir de la mort (en 2012), par d'horribles moments de doute et de dépression, par des luttes terribles à seule fin de surnager et par des épreuves dont il se serait bien passé. Le niveau de conscience qui est le sien aujourd'hui est le résultat de ces 25 années de combat quotidien. Ne l'oublions jamais : on n'atteint pas la stature spirituelle de Roger sans d'immenses efforts. Pour atteindre n'importe quel but il y a un important travail à fournir qui n'est pas pour les tièdes. Comme l'écrit Roger :

> *« Les difficultés de la vie peuvent nous transformer de deux façons : elles peuvent nous rendre amers, mesquins et durs ou nous rendre plus humbles, plus sages, plus aimants et plus attentionnés. »*

Les deux extraits suivants reflètent la colère, le découragement profond, des contradictions… avec, malgré tout, un petit rayon de lumière à la fin.

« Quand ils ont pris la plus grande partie de nos biens en novembre dernier, ils nous ont dit que nous ne devions rien avoir sur le sol, tout devant être rangé proprement sur les étagères et que tout ce qui ne pouvait pas y être rangé devait être renvoyé chez nous ou détruit. Je n'ai personne ici aux USA à qui envoyer mes affaires parce que toutes les personnes sur ma liste de visiteurs sont de Suisse et je ne pourrai acheter les 80 dollars de timbres nécessaires pour tout expédier à temps. Alors, ils me mettent dans une situation perdant-perdant qui garantit qu'ils détruiront mes affaires. J'ai presque tout perdu. Je regrette ce débordement, mais je ne peux calmer ma souffrance comme on éteint une lampe. Je suis très fâché contre ces fainéants arrogants, suffisants, centrés sur eux-mêmes et mentalement morts, qui préfèrent suivre le chef plutôt que de penser par eux-mêmes et qui s'imaginent qu'en faisant du mal au niveau mental, émotionnel et physique aux moins chanceux, ils se sentiront mieux. Je suis d'accord avec ton mari qui, à propos du système, parle de "permettre juste assez de justice pour justifier l'injustice." Mais même ce petit peu n'est accordé qu'à ceux qui peuvent le payer. » (3 novembre 2002)

Ici, Roger explique sa réaction :

« J'ai dormi deux jours. Je n'ai ni mangé ni parlé. J'étais tout simplement fatigué, mais j'ai pris conscience que je ne pouvais chasser ce type de fatigue en dormant. Alors, je me suis levé, j'ai fait face à la situation et c'est là où j'en suis maintenant…

Devons-nous toucher le fond pour atteindre les sommets? Jusqu'où devons-nous encore descendre? Par moments, je me sens comme un gobelet au fond percé. Je me sens vidé peu à peu de ce qui me faisait être moi-même. J'ai mis un doigt pour boucher le trou. Je sens que, tôt ou tard, le barrage va lâcher, mais mon doigt est tout ce qui me reste et je dois continuer à essayer de tenir à tout prix, car ce combat dépasse de beaucoup ma petite personne. Je me bats pour rester toujours rempli de l'esprit du Christ, mais par moments, oui, je me sens très vide. Pourtant, je crois de tout mon cœur qu'un jour, je vaincrai. Jamais cette conviction ne me quittera. Merci de ne jamais m'oublier dans ton cœur et tes prières. Je t'aime. » (24 novembre 2002)

Là, il avoue que les doutes les plus profonds l'ont assailli à l'époque où l'avocat commis d'office déjà cité et qui, heureusement, quitta le Texas (sinon, Roger ne serait probablement plus là) lui avait dit qu'il était un narcissique achevé qui avait inventé toute son histoire et avait porté d'autres accusations encore plus aberrantes à son encontre :

« *J'aime Dieu de tout mon être, je ne m'effondrerai pas et je ne perdrai pas ma foi en Lui, mais il y a des périodes comme celle-ci où je crains que Lui ait perdu confiance en moi et j'ai beaucoup de peine à faire confiance à mon propre jugement.*
Chaque décision que j'ai prise dans ma vie m'a emmené ailleurs que là où je voulais aller pour faire face à des défis que j'aurais préféré éviter. Toute ma vie, j'ai essayé de respecter les gens et je n'ai jamais intentionnellement fait de mal à personne.
Alors, ces derniers temps, je me suis demandé : à quoi bon tout ça? Pourquoi continuer la lutte quand je sais que la seule issue sera la défaite? J'ai vraiment fait un plongeon, mon ami. Je suis

tombé de façon brutale non pas parce que j'avais peur de la mort, mais parce que j'avais perdu l'espoir.
Sais-tu ce que cela fait à l'esprit ? Perdre l'espoir, c'est perdre la vie, parce qu'une vie sans espoir est une vie dépourvue de sens. Plus je regardais autour de moi, plus j'étais secoué. Je ne voulais plus faire confiance à personne. Je regardais les murs de ma cellule pendant des heures et je me réveillais la nuit, souhaitant que l'aube n'arrive jamais. J'ai demandé à Dieu ce que j'avais fait pour perdre ses faveurs. Je ne savais pas ce que demain amènerait, mais je me cramponnais à aujourd'hui de toutes mes forces, espérant que demain, l'espoir reviendrait. » (28 mars 2006)

Depuis des années, Roger décrit une détérioration constante de la condition pénitentiaire. Le dernier tour de vis majeur fut donné en 2010, avec l'installation partout de caméras destinées essentiellement à surveiller les gardiens, dont certains avaient fait passer des téléphones portables à des détenus, contre paiement bien sûr.

« *Je sais que ça paraît invraisemblable que quelqu'un puisse se réjouir de ce qu'on nous fait subir, mais il semble bien que certains éprouvent une excitation perverse à faire souffrir les autres. Je ne pense pas à moi-même comme étant à part ou mieux que n'importe qui d'autre. Jésus a dit que celui qui veut devenir un maître doit d'abord être un serviteur. Je crois simplement que je ne dois pas demander ce que je ne suis pas prêt à donner et que la paix sur terre commence en chacun de nous.*
Alors, quand je contemple mon univers si restreint, je prends sur moi de faire ma modeste part pour le rendre meilleur, mais il y a des moments où je suis dans la confusion, où ma foi vacille, où mon espoir s'estompe à l'horizon et j'ai besoin d'être rassuré. Alors

je t'écris et je prie et parfois, il me faut quelques jours pour me rappeler que nous passons tous par des moments d'incertitude et que nous n'avons pas seulement besoin de Dieu, mais aussi besoin les uns des autres. Et c'est pour cela qu'Il nous a donnés l'un à l'autre. » (26 novembre 2002)

L'usure émotionnelle

De nombreuses lettres soulignent la cruauté insupportable d'un système qui peut enfermer des êtres humains 20, 25 ou 30 ans dans ces lieux qui, comme le décrit Roger,

« …*sucent la vie mentalement, émotionnellement, physiquement et spirituellement, sucent la moelle même de l'âme et dévastent l'esprit, le dévorant comme un cancer incurable.* »

L'usure émotionnelle dans le couloir de la mort marque même les meilleurs. Il y a d'abord les codétenus qui vous trompent et abusent de votre confiance[6]. Il y a ensuite les gardiens qui vous harcèlent, voire vous battent ou vous aspergent de gaz sans raison aucune. Il y a aussi, venant de l'administration, des chicanes constantes qui couvriraient des pages entières à elles seules. Il y a encore les avocats qui vous laissent des *années entières* sans nouvelles. On se souvient de l'avocat commis d'office après la condamnation à mort de Roger et comment il ne se soucia pas de lui faire savoir qu'il ne pouvait pas le représenter. Et pour couronner le tout, il y a enfin l'exécution d'amis proches, des dizaines dans le cas de Roger. Bref, les raisons de cette usure qu'il décrit ne manquent pas.

« Je suis toujours émotionnellement épuisé et, pour je ne sais quelle raison, j'ai été très fatigué. Si Dieu cherche à me montrer quelque chose, Il n'y va pas vraiment par le bon chemin. Ou alors la leçon m'échappe ! Pourquoi est-ce que chaque leçon doit être si difficile ? Enveloppée de mystère ? Au bout du compte, je ne peux rien faire d'autre qu'essayer de faire de mon mieux et compter sur Dieu pour le reste. »

Parfois, justement, il suffit simplement de faire de son mieux.

« Rien ne vient sans un certain travail et une certaine souffrance et j'ai trouvé un équilibre entre les deux. Mais maintenant encore, il y a des moments où je sens que le poids de cet endroit me tire vers le bas et je dois reconnaître que j'en deviens alors la victime en lui permettant de me tirer en bas et de me plonger dans le plus profond désespoir.
Alors, je me rappelle que nous avons tous notre croix à porter et que la mienne, après tout, n'est pas plus lourde que celle de mon voisin. Je m'efforce donc de retrouver ma véritable stature, d'élargir mes épaules juste un peu plus pour ajuster le poids que je porte et je me rappelle que rien ne dure éternellement. Alors, je fais simplement tout ce que je peux avec ce que j'ai. » (sans date, entre 2008 et 2010)

Une autre fois, c'est un voisin infernal qui fait un tintamarre incessant usant les nerfs de Roger jusqu'à la corde. Ce genre de comportement n'est pas rare, surtout chez des individus quasi analphabètes, n'ayant peut-être même pas de radio et qui n'ont aucune distraction et peu de ressources intérieures :

« J'ai un voisin que je méprise de toute mon âme. J'ai essayé de changer ce que je ressens, mais il ne me le permet pas. Il frappe le mur sans arrêt nuit et jour, il braille et hurle à longueur de journée. Personne ne peut obtenir le moindre repos, personne ne l'aime. J'ai prié et demandé à Dieu de m'ôter ce sentiment envers cet homme, mais je crois que Dieu me permet de me colleter à ces problèmes pour grandir. Je ne Le décevrai pas et Il le sait. »

Les moments de dépression

Dans ses périodes de dépression, il a de la peine à voir dans ses voisins le visage de Dieu ou la perfection divine, mais il a appris de plus en plus à le faire avec le temps.

« J'ai été une fois de plus un peu déprimé récemment et les gens dont je suis entouré rendent les choses très difficiles. J'ai décidé de ne plus les aider. Je voudrais que ce soit différent, mais ce n'est pas le cas, et je dois faire ce qui est nécessaire pour sauvegarder mon équilibre mental. Ici, tout signe d'amitié ou d'amour est pris pour de la faiblesse… Je ne comprends pas comment des gens, ici dans le couloir de la mort, qui vivent dans la perspective de leur exécution, peuvent encore utiliser tous les trucs possibles et imaginables pour tricher et voler les gars qui sont avec eux et qui ne sont pas mieux lotis qu'eux. La nature humaine est quelque chose que je ne comprendrai jamais ! J'ai dû prendre du recul et réfléchir à mes propres actions. Peut-être que je suis trop amical et trop disposé à aider… Je pense qu'un de mes défauts a été de trop aimer et de m'attendre à ce que les autres fassent de même. » (19 juin 2005)

Quel contraste avec d'autres lettres où il décrit des fêtes de Noël où tout le monde, en s'entraidant, est comme une grande famille ! Mais comme il le dit :

« *Nous devenons tous faibles à un certain moment. C'est la façon qu'a Dieu de nous montrer combien nous avons besoin de Lui.* »

C'est un fait, les moments de dépression reviennent périodiquement.

« *Les choses sont allées au ralenti pour moi, elles ne marchent vraiment pas bien. J'ai sans doute laissé cette dépression s'installer et quels que soient les efforts que je fais, il semble que je n'arrive pas à la surmonter. Je ne peux l'expliquer – c'est comme si tout semblait tellement inutile que j'ai même de la peine à me lever le matin et je le fais parce que je dois le faire. Mais parfois, les murs se referment sur toi, tu vois ce que je veux dire ? Les conditions ont tellement empiré ici qu'on en arrive à se sentir comme un animal. Le traitement des détenus est devenu effrayant. Alors, je demande simplement à Dieu de me donner la force de continuer et de ne pas me mettre à haïr ces gens.* » (lettre non datée, probablement de 2005)

Quand on fait face à ce milieu jour après jour, année après année, décennie après décennie, il faut une force de caractère peu commune pour non seulement résister en gardant le moral, mais encore grandir et voir qu'il y a un plan divin derrière tout cela !

Il n'est donc pas surprenant que Roger ait pu écrire dans d'autres circonstances :

« Je suis fatigué à un point que je ne pensais pas possible ! Je suis fatigué qu'on me bouscule dans tous les sens, fatigué qu'on me vole toutes mes affaires et d'être constamment traité comme une ordure. Je ne comprends pas pourquoi ils ne nous laissent pas tout simplement tranquilles ! Je suis tellement fatigué d'être puni encore et encore pour rien ! Il ne devrait pas être permis de harceler une personne au-delà d'une certaine limite ! » (12 novembre 2002)

Finalement, au lieu de lutter contre la dépression, Roger a appris à l'accepter et à la laisser simplement passer.

« Je suis comme tout le monde et parfois, je suis déprimé. Ma vie est une lutte, ne pense jamais qu'elle ne l'est pas ! Nous sommes constamment attaqués par ces forces qui cherchent à nous empêcher de savoir qui nous sommes vraiment et sans cette connaissance, nous oublions combien nous sommes tous vraiment beaux, que Dieu nous a faits à Son image et à Sa ressemblance. Sans cette connaissance, nous nous laissons aller à haïr et à condamner, à juger et à comploter les uns contre les autres et nous ne nous respectons plus.
Je vois cela tous les jours et je te promets que j'essaie de l'empêcher, mais parfois, les gens sont tellement installés dans leur misérabilisme que quoi qu'on leur dise, on ne peut les amener à voir le mal qu'ils se font à eux-mêmes.
Je ne peux supporter de voir les gens se faire du mal, tricher, mentir et voler pour avoir juste un peu plus que le voisin… Quand je vois des choses comme ça, cela me perturbe. Alors, il m'arrive de laisser mes peines devenir des montagnes, si bien qu'avant de le réaliser, je me retrouve ployant sous leur poids qui est parfois un peu trop lourd à porter. Mais j'ai appris à ne pas lutter contre la

dépression, à la laisser s'user, parce que lutter contre elle crée un violent conflit entre la volonté et l'esprit. » (30 juillet 2005)

À une très chère correspondante suédoise, il explique la technique qu'il a mise au point lui-même pour surmonter la dépression :

> « *Je vis pleinement mes émotions. Il m'arrive ainsi de m'éveiller et de me sentir très seul. Et je me dis : "Mon vieux, il y a des chances que tu ne sentes plus jamais la simple chaleur d'une accolade humaine." Parfois, au contraire, quand les choses semblent aller et que je suis en train de jouir du moment présent, il me vient la pensée que cela ne va pas durer et je sens la déprime venir. Mais je ne m'identifie pas à elle. Je la vois pour ce qu'elle est et pour ce qu'elle n'est pas. Elle ne fait pas partie de moi.*
> *J'adore chanter, cela me rend heureux. Aussi, quand la déprime vient, je me chante à moi-même ou je me remémore une occasion où j'ai tellement ri que j'en avais mal au ventre et je recommence à rire. Alors je sais que ce sera OK pour le moment, juste pour ce moment présent. Je ne sais pas ce qu'il en sera du moment suivant, mais dans l'instant, je suis OK, je suis en paix.* »

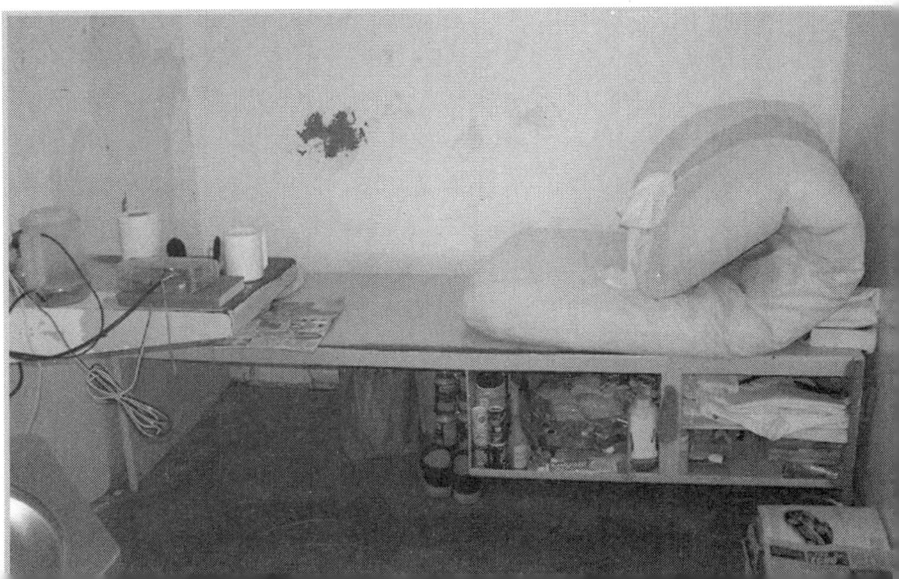

La solitude

C'est évidemment l'un des plus grands défis à Allan Polunsky Unit, la prison où Roger est incarcéré depuis fin 1999.

> « *Bien des gens ont l'impression, à un moment ou un autre de leur vie, que Dieu les a abandonnés et c'est fréquent quand on passe par des moments difficiles. Je suis moi-même passé par là de nombreuses fois. […] Il y a eu des moments où je me sentais si seul que je voulais me rouler en boule et mourir. Parfois, j'ai tellement envie de sentir la chaleur humaine d'une autre personne ! Avez-vous déjà désiré une simple accolade tellement intensément que vous vous êtes assis et avez commencé à pleurer ? Cela m'est arrivé et cela m'arrive encore. Mais à travers toutes ces épreuves, je garde la foi qu'un jour, tout ceci prendra fin.* » (Sans date, entre 2008 et 2010)

Et pourtant, ma vie a un sens !

Pourtant, à travers tous ses tourments, ses moments de doute (parfois graves si on se souvient qu'il s'est même demandé une fois si Dieu était présent dans le couloir de la mort), de dépression, d'angoisse, de tristesse profonde, de découragement et de lutte, il sait que sa vie a un sens et il rebondit toujours. Toujours. Et cela depuis 25 ans.

Témoin en est cette lettre dans laquelle il explique qu'on l'a mis au régime punitif pour avoir fabriqué de façon artisanale un peu de "vin" maison. Cette pratique est très courante dans le couloir de la mort et permet, par la fermentation de différents produits, d'obtenir un breuvage qui n'est pas exactement un grand cru, mais s'avère supérieur au café insipide servi par la prison :

« [Grâce à mon séjour au niveau disciplinaire], j'ai pu parler à des gars que je n'avais pas vus depuis des années. J'ai eu le temps de passer bien des moments avec eux et de parler des miracles que Dieu avait accomplis dans nos vies. Je considère donc ma punition comme une bénédiction ! Alors, ne te fais pas de souci, je vais bien et prends autant de plaisir que je peux à la vie. Les restrictions du système ne sont mauvaises que si je les accepte comme telles. Et je refuse de le faire.
Le gardien qui m'a fait mettre ici enfreint lui-même le règlement chaque fois qu'il en a l'occasion. Par exemple, les gardiens n'ont pas le droit d'utiliser du tabac en prison, mais il a sa chique à tout moment. Il mange souvent la nourriture des détenus alors que c'est interdit, et je pourrais allonger la liste des infractions. Je pourrais dénoncer toutes ces choses, mais je ne le ferai pas. Je ne suis ni fâché ni amer. Je ferai de mon mieux avec ce que j'ai et même, je remercierai Dieu de me l'avoir donné…
J'ai passé mon Noël et mon Nouvel An affamé, mais reconnaissant. Reconnaissant de ce que Dieu m'a béni en me permettant de voir combien je suis béni. Je célèbre de toute façon mes anniversaires dans mon cœur. Et je sais bien que Dieu ne me donnera jamais un fardeau à porter sans d'abord me donner la force de le porter. »

« Vivre, c'est lutter, contre soi tout d'abord.
Vivre, c'est aimer même celui qui vous fait du mal.
Vivre, c'est bénir, c'est prier, c'est servir. »

L'enfer version Texas

« *Le mois passé, le mois le plus chaud de l'année, ils ont ôté l'air conditionné et je jure que j'étais près de suffoquer dans cette cellule. Ce n'était pas comme à Ellis*[7] *où on pouvait mettre son ventilateur et obtenir ainsi une brise fraîche.*

Ici, on est enfermé dans un espace minuscule comme une penderie, sans aucune circulation d'air si ce n'est la climatisation et, en l'absence de cette dernière il faisait tellement chaud que tout ce que je pouvais faire était de me coucher sur le sol au milieu d'une flaque d'eau et prier Dieu de m'aider à tenir le coup. En raison de la température extérieure, les murs étaient tellement chauds qu'on ne pouvait même pas les toucher. Cela dura au moins trois semaines. C'est pour cela que je n'ai pas écrit plus tôt. Puis, quand ils ont décidé de remettre la climatisation, il faisait tellement froid qu'il fallait presque porter un manteau !

Maintenant, ils nous ont tous déplacés vers d'autres cellules afin de mettre des plaques d'acier contre les lampes pour les rendre moins lumineuses. Ils font en sorte qu'on ne puisse pas adoucir un peu notre existence car, dès qu'on réussit à le faire, ils viennent nous déplacer. C'est un enfer vivant ici ! » (16 septembre 2000)

« *Depuis un mois et demi, ils nous ont fait geler ! Ils le font chaque année, mais ce qui était encore plus difficile cette année, c'est qu'ils ne nous ont pas distribué nos manteaux en octobre, comme ils sont censés le faire, et qu'ils ont laissé l'air conditionné [froid] tout le temps.* » (21 novembre 2006)

« *Le traitement des détenus est devenu effrayant au point que l'autre jour, mon voisin et moi avons dû rester [dans le petit espace extérieur pour l'exercice] sous la pluie, sans aucune protection, pendant un orage accompagné de tonnerre et d'éclairs. Nous avons frappé contre la vitre pour qu'on nous laisse rentrer, mais les gardiens nous ont intentionnellement laissés sous la pluie parce qu'ils ne voulaient pas faire de travail supplémentaire… ! Nous avons demandé plus tard à voir un gardien-chef parce que nous voulions savoir pourquoi nous avions dû rester si longtemps sous la pluie, mais quand il est venu, il a même voulu nous infliger une punition pour indiscipline et refus de rentrer ! Nous lui avons alors expliqué que, justement, nous voulions rentrer, mais que nous ne pouvions pas le faire et que c'était là le nœud du problème. Sa réponse fut que c'était notre faute parce que nous aurions dû savoir qu'il allait pleuvoir ! C'est typique des idioties que nous devons subir quotidiennement. La folie règne ici : ce lieu ressemble à une maison de fous que des malades mentaux feraient tourner.* » (lettre non datée, probablement de 2005)

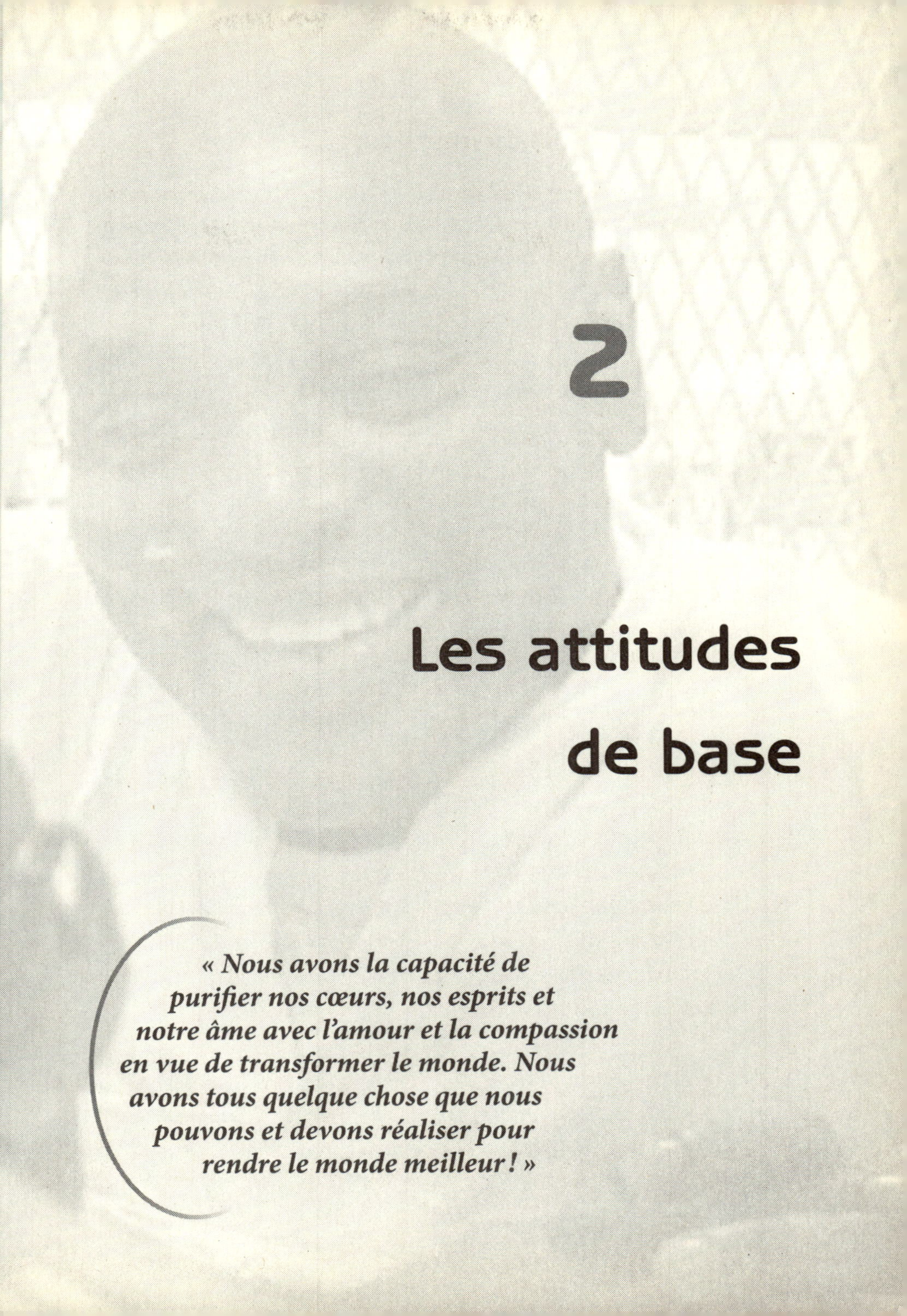

2

Les attitudes de base

« Nous avons la capacité de purifier nos cœurs, nos esprits et notre âme avec l'amour et la compassion en vue de transformer le monde. Nous avons tous quelque chose que nous pouvons et devons réaliser pour rendre le monde meilleur ! »

Réussir sa vie dépend d'une série de choix dont l'un des plus fondamentaux est à mon avis celui-ci : est-ce que je vois la vie comme l'apprentissage de certaines lois universelles ou comme le résultat du hasard ?

Est-ce que je me vois essentiellement comme victime ou comme responsable de ma vie, donc capable d'opérer à tout moment des choix ? Est-ce que je vis dans l'acceptation (le **oui** face à la vie) ou le refus (le **non**) ?

Ce sont là certains des choix que Roger a dû faire, qui ont déterminé son parcours dans le couloir de la mort et qui ont fait de lui la source d'inspiration lumineuse qu'il est pour tant de personnes à travers le monde.

La vie comme apprentissage

« Les leçons de la vie ne cessent jamais. Tant qu'il y a de la vie, il y aura des leçons à apprendre, une expérience pour nous inspirer et de l'amour à partager… Nous devons apprendre à percevoir la vie autrement que comme on nous a appris à le faire parce qu'il y a tellement plus que ce que nous voyons ! Ma présence dans cette prison m'a aussi appris que rien n'existe séparément et que l'espace même est rempli de quelque chose. »

« Les leçons que nous apprenons sont celles dont nous avions besoin pour nous accomplir. Nous avons simplement à trouver quel était le message que nous devions recevoir. »

Une des constantes de base de la correspondance de Roger consiste à voir tout, même les pires épreuves, comme un apprentissage. C'est ce qu'il écrit à une enseignante française qui a organisé ses cours d'une année autour de son expérience de détenu :

> *« Ne me plains pas pour les conditions dans lesquelles je suis forcé de vivre parce qu'on devrait constamment dire qu'elles sont toujours pires. Je suis sans mots pour décrire celles dans lesquelles nous vivons. Je pouvais autrefois m'en moquer, espérant qu'elles s'amélioreraient, mais je ne le peux plus. Deux amis à moi se sont suicidés au début de l'année pour ne plus avoir à vivre dans ces conditions. Je souris moins et je parle moins et je fais même des erreurs que je regrette, mais la vie continue et les leçons aussi. Pourtant, je ne les regrette pas pour moi : chacune de ces erreurs est une occasion d'apprentissage et je dois les voir de cette façon, sinon toutes ces luttes n'auraient servi à rien. »*

Cet apprentissage ne va pas de soi face à la détérioration continue de la condition pénitentiaire depuis plus de vingt ans ; il semble que c'est parfois davantage le sadisme qui préside à l'application de certains règlements que la norme pénitentiaire. Dans le cas évoqué ci-après, Roger était une fois de plus au régime punitif « niveau 2 » pour une peccadille :

> *« Par moments, j'étais roulé en boule sur ma couchette parce que je n'arrivais pas à avoir chaud. J'ai essayé d'expliquer au surveillant qu'en tant que diabétique, il n'était pas bon que je sois exposé à ce froid pendant longtemps, car cela gênait la circulation sanguine, mais il m'a seulement regardé comme si je m'excusais ! Mais ne me fais pas dire ce que je ne dis pas : je ne me plains pas !*

Chaque problème dans la vie est là pour nous apprendre quelque chose. Même dans les heures les plus sombres, il y a des leçons à apprendre. » (21 novembre 2006)

Il ajoute, à l'intention d'une jeune thérapeute :

« *Si nous partons en courant au premier signe avant-coureur de l'adversité, nous ne connaîtrons jamais la joie de rester et de lutter quand le combat se présente. En fait, nous avons et nous acceptons ce dont nous avons besoin.*
J'ai essayé d'expliquer à un ami d'ici, qui disait qu'il ne change pas et ne changera jamais, que la vie est changement, que grandir c'est changer, que nous devons changer afin de pouvoir apprendre, et que rester le même, c'est stagner et se faire du mal. Malheureusement, il refuse d'essayer d'apprendre, me demande constamment l'orthographe des mêmes mots et ne veut rien faire par lui-même. Je continue pourtant de l'aider en espérant qu'un jour, il grandira, mais tout ce qu'il me dit, c'est qu'il est là pour mourir. Alors, pourquoi apprendre ? Tu serais surprise du nombre de gars qui pensent la même chose ici. Je me sens très triste parfois en les entendant parler de mourir et d'abandonner la lutte. Cela draine mon énergie. Mais la vie ne nous rend que ce que nous lui donnons. » (3 septembre 2007)

À la même personne qui lui envoyait un texte sur les cinq émotions négatives (nivarana) mentionnées dans le bouddhisme, il faisait le commentaire suivant :

« *Je crois que nous devons vivre ces émotions en vue de les comprendre. Les gens disent que seules les bonnes choses viennent de*

Dieu, mais si Dieu a créé tout ce qui existe dans les cieux et sur la terre, alors ces émotions négatives furent également créées. La nature de Dieu est en toutes choses et je crois que ces émotions peuvent également nous apprendre à Le connaître.
Elles font partie des épreuves que nous devons vivre et surmonter pour mieux nous approcher de notre condition divine. Personne ne devrait cultiver ces émotions, mais nous devons comprendre d'où elles viennent, en relation avec les autres. L'adversité suscite la force qui, dans l'adversité, donne dignité et courage. Nous sommes tous des débutants. » (4 août 2007)

Et non sans humour, il affirme :

« Je crois que pour vraiment jouir de la vie, nous devons vivre consciemment chaque émotion et chaque haut et bas. Je ne veux rien manquer de ce que la vie peut m'offrir. J'aimerais bien que ce ne soit que de la tarte à la crème, mais je sais que cela n'est pas possible. Alors je prends la tarte avec la crème, j'ajoute mes propres ingrédients et le résultat n'est finalement pas trop mal ! »

Voir absolument toute chose comme une leçon mise sur notre chemin par l'amour divin n'est déjà pas évident dans la vie de tous les jours. Dans le couloir de la mort du Texas, cela exige une grande clarté qui donne la force morale nécessaire pour constamment maintenir cette vision.

« Je n'ai pas d'autre choix que de semer autour de moi ce qui m'apporte le bonheur. La plupart du temps, ce n'est pas grand-chose, mais ça suffit. »

Il faut une bonne dose d'élévation spirituelle pour écrire :

« *Je réalise que Dieu ne nous met pas dans des situations dont il n'y ait pas de profit à tirer. Oui, j'ai laissé cette situation (le voisin infernal) m'atteindre plus que nécessaire. Mais après avoir enduré sa folie plus longtemps que je ne l'aurais voulu, j'ai refusé de courber davantage l'échine et c'était là la leçon à apprendre pendant tout ce temps. Auparavant j'essayais de me dire que j'étais au-dessus de ce vacarme alors que la folie empirait. Ma leçon était d'apprendre qu'on ne peut pas toujours tourner le dos en espérant que le problème se résoudra tout seul. Dès que j'ai décidé de faire quelque chose, mon voisin a été déplacé. Je n'avais plus besoin de lui, la leçon ayant été apprise.* » (9 juillet 2001)

À l'une de ses plus anciennes correspondantes, il décrit une situation ubuesque où les détenus ne pouvaient plus rien boire pendant les repas parce qu'on leur avait pris tous les récipients dans lesquels mettre du liquide, ajoutant :

« *Oui, je crois qu'il y a des leçons cachées en toutes choses. Je crois qu'absolument tout a du sens et un but, du plus petit insecte à la tempête la plus violente. Personne n'arrive dans cette vie les mains vides. Nous avons tous quelque chose dont l'autre a besoin pour l'aider sur sa route… La vie nous donne par moments des pilules très amères à avaler et c'est nous qui décidons si nous voulons les avaler ou les recracher !* » (3 mars 2003)

Les dépressions périodiques que Roger traverse font partie de ces « pilules amères » et pourtant, même ces dernières sont devenues des alliées dans son apprentissage de la vie et la connaissance de lui-même.

À une autre correspondante d'Australie, il fait cette remarque :

« …Tout ce que nous traversons aide à façonner la personne que nous devenons. Si tu ôtais une seule de tes expériences, tu ne serais pas celle que tu es aujourd'hui. Tout ton pouvoir est en toi, car c'est là que réside ta vraie force. »

Peut-on être surpris quand Roger affirme que le couloir de la mort peut être un « endroit d'apprentissage supérieur » et avant tout d'apprentissage de l'amour ?

« Cette prison t'apprend la patience, elle t'apprend l'humilité, elle t'apprend l'amour, elle t'apprend la tristesse, le chagrin et la douleur. Elle te donne le plus grand cadeau, manifester l'amour envers tous, car en fin de compte, seul compte l'amour. Tout le reste pâlit en comparaison. » (30 septembre 1999)

« La vie est la vie et, où que l'on soit, elle va continuer à passer avec ou sans nous. Nous pouvons la regarder avec des yeux pleins de haine ou bien pleins d'amour. Je choisis de regarder la vie avec des yeux pleins d'amour et de patience. Je refuse d'ajouter de la haine à un monde qui en est déjà submergé. »

L'acceptation de ce qui est

Accepter une situation telle qu'elle est plutôt que de vouloir la changer constitue une des charnières du cheminement de toute personne engagée sur le chemin du développement personnel ou spirituel. Pourtant, ce n'est pas évident ! Même le Christ à Gethsémani demanda que la coupe amère de la crucifixion soit éloignée de lui, mais il termina sa requête en disant : *« Toutefois, non pas ce que je veux, mais ce que tu veux »*, acceptation qui eut une portée immense pour l'avenir de l'humanité.

Eckhart Tolle, l'un des plus grands maîtres spirituels de notre temps, écrit dans *Le pouvoir du moment présent* que plus nous honorons et acceptons le « maintenant », plus nous sommes libérés de la peine et de la souffrance. Aussi *« inacceptable, affreux et inhumain* (résumé saisissant du couloir de la mort !) *que soit l'instant présent »*, ajoute Tolle, *« il est comme il est… Acceptez, puis agissez. Quoi que vous réserve le présent, acceptez-le comme si vous l'aviez choisi. Allez toujours dans le même sens que lui, non à contresens. Faites-vous en un ami et un allié, et non un ennemi. Cela transformera miraculeusement toute votre vie.*[8] »

C'est exactement ce qui s'est passé pour Roger. À partir du moment où il a refusé de se sentir victime, où il a assumé l'entière responsabilité de sa vie, tout a commencé à changer.

L'acceptation, le **oui**, représente, sur le plan spirituel, le mot le plus important du langage humain, et un vrai **non** authentique représente toujours un **oui** à une valeur profonde qui nous est chère. Ainsi, le **non** d'une personne qui refuse un compromis douteux ou une tentative de corruption constitue un grand **oui** à la confiance de cette personne en l'intégrité comme valeur de base de la vie.

Le **oui** signifie acceptation, ouverture, optimisme, flux, activité, courage, gratitude, bénédiction, unité, liberté, responsabilité, pardon, coupe à moitié pleine, abondance, confiance, joie et bonheur, don et partage, recherche de solutions, possibilité, action, nouveauté... Tout cela est inclus dans le **oui**.

En revanche, le **non** correspond à une mentalité de victime : plainte, fermeture et dépression, manque, refus, coupe à moitié vide, pessimisme, blocage, peur, déterminisme, conditionnement, ressentiment, apathie et passivité, rétention, séparation et division... Toutes ces attitudes sont cachées derrière le **non** du refus.

En novembre 2009, j'ai rendu visite à Roger en compagnie de l'écrivain français Bernard Montaud, qui a contribué à faire connaître les différents livres de Gitta Mallasz, ainsi que les *Dialogues avec l'ange* dont elle fut le « scribe » et qui ont été traduits en de nombreuses langues. Bernard Montaud a créé l'association ART'AS, une école de vie intérieure. Celle-ci soutient Roger depuis 2009. Au cours de la visite, nous regardant droit dans les yeux, Roger nous dit soudain :

« Je n'échangerais mes 23 ans de couloir de la mort pour rien au monde. »

Voilà un homme qui, en l'an 2009, a vécu la moitié de sa vie en enfer et qui nous dit qu'il n'échangerait cette existence pour aucune autre. Est-il fou ? Ou a-t-il compris une leçon fondamentale de la vie qui échappe à la plupart d'entre nous ?

Dans sa lettre du 9 septembre 2010, il précisait pour moi sa pensée :

« Je voulais simplement dire que ce que j'ai acquis ici au cours des ans, je suis sûr que je n'aurais pas pu l'acquérir ailleurs et donc que je ne troquerais mes expériences contre rien d'autre. »

Roger aurait certainement fait siennes ces paroles d'Elisabeth Kübler-Ross, la psychiatre suisse de renommée internationale spécialiste de l'accompagnement des mourants, qui écrivait: *« Si seulement vous réalisiez que rien de ce qui vient sur votre chemin n'est négatif, je ne dis absolument rien! [...] Ce ne sont que des cadeaux qui vous sont faits – des occasions qui vous sont données de grandir. Ceci est le seul but de l'existence sur cette planète. Vous ne grandirez pas si vous restez dans un jardin de fleurs merveilleux où on vous amène une nourriture superbe sur un plateau d'argent. Mais vous grandirez si vous êtes malades, si vous souffrez, si vous perdez des choses ou des personnes importantes et que vous ne mettez pas votre tête dans le sable, mais accueillez la douleur et apprenez à l'accepter, non comme une malédiction ou une punition, mais comme un cadeau qui a pour vous un but très précis. »*

Roger a eu les trois et bien plus : la maladie avec diabète et insomnies chroniques ; la perte de son frère pour lequel il s'était laissé arrêter et condamner et, du coup, son sacrifice a paru totalement inutile ;

quant à la souffrance, inutile d'en dire plus ! Et son acceptation a été totale, comme il le souligne pour une de mes très chères amies qui correspond avec lui depuis des années :

« Dieu n'a jamais cessé de me bénir en me donnant plus que ce dont j'ai besoin. Je ne me plains de rien, j'accepte ce que j'ai comme faisant partie de ce que je dois expérimenter. Je sais que rien n'existe en dehors de Dieu, même pas les choses auxquelles je dois faire face quotidiennement. Alors, cela me réconforte de savoir que nous partageons ce voyage. J'essaie de me lever le matin et de me coucher le soir avec le sourire, la gratitude dans le cœur et une prière sur mes lèvres. Peut-on être plus béni que cela ?
J'accepte mon rôle ici, car nous sommes envoyés là où on a besoin de nous. Nous sommes un baume les uns pour les autres. Je ne peux pas donner plus que le type à côté de moi, nous donnons simplement de façon différente, chacun donne de l'abondance qu'il a reçue de Dieu. Parfois, je trébuche, mais ce n'est pas grave, cela fait partie de notre croissance et de notre développement.
Dieu est le maître de tout et Il me libérera quand mon temps sera venu. Mais comprends-moi bien : je ne suis pas de ceux qui se mettent en arrière, attendant que Dieu fasse tout. Je me bats contre le système depuis des années et je crois au dicton : "Aide-toi, le ciel t'aidera." *Je sais que Dieu sait ce dont j'ai besoin et qu'il connaît la situation si difficile à laquelle je fais face. Mais Lui demander constamment de me libérer est inutile, car Il le fera ou non, mais en attendant, j'ai un travail à accomplir. »* (17 avril 2005)

Quand je lui ai rendu visite en novembre 2010, il me disait avec une force extraordinaire et un immense sourire sa certitude qu'il sortirait libre du couloir de la mort.

Cette idée que chacun a quelque chose à donner peut déranger et elle m'a dérangé longtemps. Je pensais à certains handicapés mentaux et physiques profonds, recroquevillés sur des chaises roulantes, qui n'émettent que des grognements ou de petits cris en bavant. Un jour, dans le vol qui me ramenait à Londres après une conférence à Findhorn, je posai la question au directeur d'un centre tenu par des anthroposophes pour ce type de personnes et reconnu dans toute l'Angleterre pour la qualité de ses soins. Il me répondit simplement : *« As-tu pensé à toutes les qualités que ces handicapés obligent ceux qui s'en occupent à développer ? »*

Cette brève réponse a profondément changé ma façon de voir les choses.

« Ils ne peuvent m'emprisonner que si je leur donne mon consentement. Et je refuse de leur donner mon consentement ! »

Le refus d'être victime

Dans la société contemporaine, avec la multitude croissante de défis qu'elle impose, tout se déroulant dans un contexte où le changement prend des allures exponentielles, il est difficile de ne pas se sentir occasionnellement victime des circonstances. Dans le couloir de la mort du Texas, ne pas se sentir victime relève à première vue du miracle. Mais écoutons Roger expliquer comment il est passé de la mentalité du **non** de la victime à celle du grand **oui** à la vie, à l'acceptation de la responsabilité totale pour tout ce qui se manifeste dans son existence.

> « *Je crois que chacun est responsable de sa vie. À une époque, j'étais une victime et me ressentais comme tel, blâmant tous les autres pour mes problèmes. Mais j'ai réalisé que je devais prendre la responsabilité de mes propres actes et que c'était la seule façon de ne plus me sentir victime. Tous les jours, j'entends des gens se plaindre parce que quelque chose ne marche pas comme ils l'entendent, ou parce qu'ils ont dû travailler une heure ou deux de plus. Les gens se plaignent toujours de ce qu'ils n'ont pas, mais ils s'arrêtent rarement pour remercier la Providence pour les bénédictions qu'ils ont reçues. Les gens disent aimer la vie, mais comment peuvent-ils aimer la vie quand ils ne savent pas vivre ?*
> *Chaque jour, je trouve une raison de remercier la Providence. Quand il fait froid et que les autres s'en plaignent et ne veulent pas sortir du lit le matin, moi, je roule en bas de mon lit et je commence à faire des pompes. Et tout le temps, je remercie Dieu d'être capable d'avoir froid et de ressentir le froid, car beaucoup de nos gars qui, l'an passé, se plaignaient du froid ne sont plus là pour s'en plaindre, ayant été entre-temps exécutés. Nous sommes responsables de tout ce qui entre dans nos vies, car les choses que*

nous acceptons forment nos vies. C'est nous qui choisissons si ces choses proviennent de l'enfer ou du ciel. » (19 octobre 1999)

En effet, rien n'existe en dehors de notre conscience, au sens où notre conscience colore absolument *toutes les expériences de notre vie.* C'est en cela que tout est fondamentalement subjectif. Le regard que je porte sur les événements de ma vie est évidemment de ma responsabilité.

Bien des gens, quand je leur lis les lettres de Roger ou que nous les discutons dans mes stages *Vivre Autrement,* réagissent en disant : *« Oui, mais Roger est une personne exceptionnelle, quasiment un extraterrestre.* » C'est l'argument classique qui permet aux gens de ne pas remettre en question leur façon de penser, de rester victimes dans le nid plus ou moins confortable de leur « parking payant », terme que j'ai forgé pour illustrer le hamac mental du non-effort et qui correspond à la notion de zone de confort en psychologie. Une attitude plus constructive et surtout plus utile serait de se dire : *« Si Roger arrive dans le couloir de la mort du Texas à ne plus se sentir victime, alors pourquoi pas moi dans ma vie quand même un peu moins stressante ? »*

Quant à Roger, il leur répondrait probablement qu'il est une personne tout à fait ordinaire qui a simplement pris la décision consciente de ne plus jamais se considérer comme une victime. Cela ne veut pas dire qu'il ne se plaint plus. Cela lui arrive encore, quoique rarement, quand le couloir de la mort connaît des situations vraiment extrêmes, des *lockdowns* particulièrement durs, comme ceux de l'été 2010. Mais il se ressaisit rapidement.

Il importe de souligner que cette capacité de refuser le statut de victime n'a strictement rien à voir avec le niveau d'éducation.

En 1987, j'ai entrepris un voyage de 14000 km dans plus de 100 villages africains, rencontrant 1300 paysannes et paysans pour m'informer de ce qu'ils faisaient pour se prendre en charge. J'étais en effet fatigué de cette image véhiculée par tant de médias occidentaux qui fait des Africains d'éternelles victimes, car ayant travaillé avec des associations paysannes de la région, je savais que beaucoup d'entre elles démentaient totalement cette image. Je pense à la Casamance, au Sénégal, où régnait à l'époque une disette grave. Les membres d'une association paysanne, le COLUFIFA (Comité de lutte pour la fin de la faim), au lieu d'accuser les aléas du climat, le gouvernement ou les marchés mondiaux qui, tous, avaient bien sûr leur part de responsabilité, se remettaient eux-mêmes en question.

« La famine persiste parce que nous la croyons inévitable et que nous nous croyons impuissants à changer les choses. Cette mentalité doit être dépassée La première étape à franchir, c'est de susciter une prise de conscience du pouvoir de chacun d'agir et un désir individuel de le faire… Nous sommes en train de nous battre pour montrer qu'à partir de nos petites possibilités, nous sommes en mesure de réaliser des choses incroyables. Car avant tout, il faut croire qu'il est possible de mettre fin à la faim. Il faut avoir cette croyance profonde et ce désir profond d'éliminer la faim. À ce moment-là, on a le courage nécessaire pour s'engager afin de susciter des actions dans ce sens.[9] »

Remplacez « faim » par « résignation » et ces paroles pourraient être celles de Roger !

Dans l'une des plus belles lettres de Roger que j'aie jamais lues, écrite à une femme qui est membre du comité international de soutien, il explique clairement que ce refus d'être victime est un choix conscient :

« Un gardien est entré dans ma cellule (en mon absence) et a déchiré certaines de mes affaires personnelles. Quand je suis revenu et que j'ai constaté ce qui s'était passé, je me suis immédiatement mis en colère. Je voulais lui dire quelque chose de méchant et il le savait. Il attendait que je le dise. En définitive, il a fait cela sans avoir conscience de son geste parce que, quelques heures plus tôt, j'étais à genoux, demandant à Dieu de me donner la force de faire face à toute forme de mal que je pourrais rencontrer dans la journée. Alors, quand le gardien a fait ce qu'il a fait, il jouait un rôle dans lequel il avait été placé à son insu. Je l'ai réalisé dès que je l'ai regardé. Et au lieu de dire quelque chose de méchant et de devenir une victime, je lui ai volé la victoire en lui souriant et en disant : "Merci, j'avais besoin de faire quelque chose. Et vous savez, gardien, nous avons tous nos rôles à jouer." Le soir, avant de rentrer chez lui,, il est passé pour me présenter ses excuses. »

Dans un article écrit pour le journal français *Libération,* qui a publié une série remarquable de reportages sur Roger entre 2009 et 2011, Bernard Montaud se fait le témoin de cette attitude qui émane de la personne de Roger quand on le rencontre : *« Ne sois jamais une victime de rien ni de personne. C'est le troisième message que cette vie de condamné à mort, pourtant innocent, nous murmure à l'oreille. Arrête de jouer à la victime... de l'autre, de la société, des événements ! Arrête de te plaindre sans cesse comme si c'était le seul moyen de te faire remarquer ! Ne sois plus jamais la victime des choses qui t'arrivent ! Et alors, peut-être verras-tu pourquoi elles t'arrivent. Voilà bien le message que j'entends alors que je suis assis en face de lui. »*

La vie, c'est choisir sans cesse

« Dans la plus horrible des souffrances, on a toujours la liberté de choisir soit de se laisser écraser par l'épreuve et le mal, soit de grandir et de le faire en aidant les autres à grandir. »

À chaque instant, la vie nous met devant des choix : choix de nos attitudes, de nos actes et de la gestion de nos pensées. La vie est choix incessant. Choix entre le risque de l'aventure et le non-risque de l'immobilisme ou de la stagnation, paradoxalement beaucoup plus coûteux en termes de croissance personnelle.

Selon la phrase du philosophe danois Soeren Kierkegaard, un des pères spirituels de l'existentialisme : *« Celui qui prend un risque perd pied un instant, celui qui ne prend pas de risques perd sa vie. »*

À tout moment, nous choisissons. Nous avons en général la liberté de choisir notre réaction à un stimulus extérieur que nous concevons comme positif ou négatif, si nous sommes présents au moment présent ou non. On peut donc dire que la vie est une succession ininterrompue de choix, du moins tant que l'on n'a pas atteint ce niveau d'ancrage intérieur où la seule réponse possible à toute situation est l'amour et où le choix disparaît. Mais je ne pense pas que beaucoup d'êtres humains aient atteint ce niveau et ce n'est certainement pas le cas pour l'auteur de ces lignes.

Aimer, vivre, grandir est un choix, comme le rappelle la parole de Roger ci-dessus. Un choix dont absolument rien ni personne ne peut nous priver, comme les innombrables récits d'êtres humains du monde entier ayant manifesté un potentiel de résilience stupéfiant nous le rappellent. En outre, chaque choix positif que nous faisons dans l'instant présent renforce notre capacité à aller de l'avant.

Dans le milieu où il vit, Roger doit constamment choisir entre le ressentiment et le pardon – et il a depuis longtemps compris que le pardon est avant tout un cadeau que l'on se fait à soi-même. Car y a-t-il chose de plus horrible que de vivre en permanence avec un ressentiment qui nous ronge ?

> « *Le pardon est le meilleur des médicaments et, après avoir permis à ces gens (le personnel de la prison) de diriger vers moi tant de haine, l'amour et le pardon étaient tout ce qui me restait. Je préférerais toujours être rempli d'amour plutôt que de haine et j'ai fait le choix d'aimer et de pardonner. Le plus difficile, c'est de s'en souvenir avant de se mettre en colère plutôt qu'après, mais je fais de mon mieux.* » (9 février 2001)

Ce qui est étonnant dans ce passage est le commentaire qu'il fait en disant qu'il a « permis » aux gardiens et à d'autres personnes de déverser sur lui leur colère plutôt que de se sentir victime de ses émotions négatives, reconnaissant implicitement que de les accepter passivement, presque inconsciemment, est également un choix !

Dans une lettre à un ami français, il développe cette idée que la haine nous rend malade.

> « *Je n'ai pas de façon particulière de prier pour m'empêcher de haïr. J'étais arrivé à un point où j'ai failli succomber aux forces de la haine. J'étais tellement en rage que je ne parvenais plus à penser clairement. Cela m'a rendu physiquement malade et j'ai dû faire le choix de ne pas succomber, mais au fond de moi, il y avait toujours la voix de la sagesse à laquelle je me fiais le plus souvent pour me guider à travers des moments bouleversants comme ceux-là. Seulement, je ne parvenais plus à l'entendre parce que*

la rage et la colère m'en empêchaient. À partir du moment où j'ai laissé la haine partir, l'amour a pu entrer et cette voix m'a dit : "Était-ce si difficile?" Donc je choisis de ne pas haïr parce que la haine n'est pas naturelle et que c'est beaucoup de travail! Smile[10]. *Je pense que nous cherchons ce que nous croyons perdu, mais si c'est simplement en nous, il nous suffit de nous y reconnecter. Je crois que si l'on s'engage à aimer, la paix intérieure nous cherche.* » (14 janvier 2010)

Roger va même jusqu'à dire que de ne **pas** aimer est également un choix – en tout cas passif, si ce n'est actif :

« *C'est si simple et facile de faire le bien et d'aimer, Jésus nous l'a montré. Alors pourquoi les gens choisissent-ils de faire le contraire?* »

Pour lui, même le fait d'être dans le couloir de la mort n'est pas une excuse pour ne pas faire les bons choix!

À une correspondante suisse qui lui écrit une première fois pour le remercier des *Messages de vie du couloir de la mort,* il répond :

« *Je crois que nous sommes tous ici pour apprendre, encourager, inspirer et nous élever les uns les autres. Il y a une chanson qui s'appelle* Cette terre amère (This Bitter Earth) *et les premiers mots en disent long :*

"Cette terre amère, quels fruits porte-t-elle?
À quoi sert l'amour si personne ne s'en préoccupe
et si ma vie n'est que poussière cachant l'éclat de la rose,
à quoi est-ce que je sers?"

Nous avons à faire un choix dans la vie. Nous pouvons être soit la poussière qui cache l'éclat de la rose, soit la rose elle-même. C'est à nous de décider et où que nous soyons, ce n'est pas une excuse pour être la poussière qui cache l'éclat de la vie. Smile. Merci pour ton rayonnement qui traverse l'océan pour illuminer mon monde, il est tellement apprécié. » (17 novembre 2009)

Consentir ou ne pas consentir est également un choix.

« *Tu as raison. Les prisons, de quelque type qu'elles soient, ne peuvent nous garder enfermés physiquement, mentalement, émotionnellement et psychologiquement* que si nous y consentons. *Tant que nous pouvons croire et rêver, nos espoirs ne meurent pas. Tant que subsiste l'espoir, nos esprits restent libres et aucun homme ne peut emprisonner le cœur et l'âme de celui qui choisit de rester libre. J'ai de si nombreux motifs d'être reconnaissant! Il y a eu des périodes où je m'apitoyais sur moi-même et questionnais Dieu sur le pourquoi des souffrances que je pensais avoir éprouvées.*
Et quand je fermerai les yeux, je saurai que la dignité et l'amour ne m'ont jamais abandonné et que chaque jour où je portais ma croix, j'ai essayé d'être la meilleure personne que je pouvais être. »
(10 décembre 2007)

Roger est devenu une personnalité exceptionnelle parce qu'il **choisit** sans cesse la manière d'interpréter ce qui se passe autour de lui et qu'il a compris qu'en un sens, rien ne peut l'emprisonner s'il n'a pas donné son consentement à cette situation ou à cette personne pour le faire.

« *Nous entrons dans une nouvelle année, laissant derrière nous l'ancienne, priant que la nouvelle année amène plus d'amour, de bonheur et de joie. Nous oublions que ce n'est pas la nouvelle année qui amène ces choses, mais* notre état d'esprit, *notre dévotion à Dieu et l'assurance qu'Il détient seul le pouvoir de créer et de changer, que c'est gratuit et que cela ne vient pas avec le changement d'année, mais que ce pouvoir est toujours accessible. Nous avons simplement à le demander.* » (6 janvier 2004)

Nous terminerons cette section sur une remarque qui peut à première vue paraître paradoxale :

« Je survis parce que je n'ai pas d'autre choix. »

En d'autres termes, le chemin spirituel particulier qu'il a choisi est le seul qui lui permet de vivre avec dignité, de vivre dans l'amour, dans l'instant présent, dans la reconnaissance perpétuelle et la bénédiction quotidienne et, y ayant goûté, il ne veut rien d'autre. Il rejoint là ce verset puissant de l'Ancien Testament :

« J'ai mis devant toi la vie et la mort,
La bénédiction et la malédiction.
***Choisis** la vie afin que tu vives, toi et ta postérité…*
Obéis à Sa voix et attache-toi à Lui.
*Car **Il est** ta vie et sa durée.* » (Deut. 30 : 19-20)

La « voix » dont il est question ici décrit à mon avis les lois universelles qui gouvernent la vie et l'univers et, avant tout, la loi de l'amour inconditionnel.

« Les seuls prisonniers sont ceux qui sont enchaînés par les limites de leur esprit. »

Nos pensées créent notre réalité

Cette section sera très brève, car tout ce que j'ai écrit jusqu'à présent, essentiellement la section précédente, souligne la nature totalement subjective de l'existence, un thème qui revient constamment sous la plume de géants spirituels tels qu'Eckhart Tolle, Byron Katie et, avant tout, celle du Dr David Hawkins, que je considère comme l'un des penseurs spirituels occidentaux les plus avancés.

Dans l'enseignement hawaïen du *Ho'opono pono,* cette étonnante thérapie de guérison vulgarisée en Occident par Joe Vitale dans son livre *Zéro Limites* (cf. bibliographie), l'auteur raconte comment le thérapeute Ihaleakala Hew Len a guéri tous les patients d'un pavillon psychiatrique hébergeant des criminels malades, dont certains forts violents, simplement en changeant ses pensées à leur sujet et sans même les voir ! De son bureau, il consultait simplement les dossiers des malades et, pendant qu'il les consultait, il visualisait la perfection innée de l'individu concerné.

Absolument tout dans la vie passe par le filtre, la grille d'interprétation de notre conscience. Nous ne connaissons jamais les choses en elles-mêmes, pour peu qu'elles aient une existence propre, mais uniquement l'image produite à travers les filtres superposés du langage, de la culture, de la famille, de notre expérience de vie ; de nos diverses idéologies politiques, religieuses et philosophiques, de nos peurs, de nos désirs ou de nos espoirs, de nos sens… La liste complète serait fort longue !

C'est pour cela que dans son livre *A Thousand Names for Joy (Mille noms pour la joie* – tout un programme! cf. bibliographie), Byron Katie écrit : « *Le monde entier est une projection. Quand vous êtes fermés et craintifs, le monde est hostile : quand vous aimez ce qui est, tout dans le monde devient le bien-aimé… Le monde est le miroir de notre propre pensée. En fin de compte, ce qui est réel ne peut être vu ou entendu ou pensé ou saisi. Vous voyez simplement avec vos propres yeux, vous entendez avec vos propres oreilles, vous réagissez au monde avec votre propre imagination. Tout est créé par votre pensée dès le départ.* »

Les mots suivants, qui se retrouvent sous mille variantes dans les écrits de Roger, sont extraits d'une lettre reçue par une jeune photographe suisse dont les photos ont amené des couleurs lumineuses dans l'univers terne et monochrome de Roger. Ils expliquent son choix de penser positivement parce qu'il est persuadé que cela façonne non seulement ses conditions de vie et ses relations, mais son destin même.

> « *Merci pour tes souhaits de libération pour moi. Je suis presque certain que cela se produira un jour. Même si l'endroit où je suis s'appelle "couloir de la mort", je ne pense qu'à la vie. La mort ne traverse pas mon esprit. Alors espérons, tout comme tu as trouvé mon livre dans une petite boutique, que le fait que je ne pense jamais à ma mort est de bon augure.* » (23 avril 2004)

Par le choix de ses pensées, Roger crée son environnement. Certains de ses codétenus vivent l'enfer quotidien et absolu là où Roger vit de plus en plus dans *le Royaume des cieux*, expression qui est, selon moi, une métaphore spirituelle pour traduire un état de sérénité, de contentement et de joie totale, comme cela ressort si bien de la phrase suivante :

« Tu me demandes comment je vais ? Je vais bien. Je vais toujours bien et même les jours où je ne pense pas aller bien, je vais bien. Juste de pouvoir dire ces mots est une bénédiction en soi. Je vis en Dieu et Dieu en moi et nous allons toujours bien. » (28 août 2005)

Vivre le moment présent

Le moment présent est le **seul** moment que nous puissions vivre. Nous pouvons ressasser des regrets ou des rancunes, mais nous ne pouvons plus revenir en arrière. Nous pouvons vivre dans les projets, les plans, les rêves et les craintes pour l'avenir, mais comme l'horizon qui recule sans cesse où que nous soyons sur la terre, le futur ne sera jamais le présent, il ne sera **jamais** là.

Eckhart Tolle, plus que tout autre, a vulgarisé cette idée dans le monde contemporain. Dans son livre *Le pouvoir du moment présent* (cf. bibliographie), Tolle souligne une évidence que nous oublions presque toujours : *« Prenez profondément conscience que le moment présent est toujours uniquement ce que vous avez. Faites de l'instant présent le point de mire principal de votre vie… Faites du "maintenant" votre lieu de résidence principal et accordez de brèves visites au passé et au futur lorsque vous devez affronter les aspects pratiques de votre vie. Dites toujours* ***oui*** *au moment présent. Qu'y aurait-il de plus futile, de plus insensé, que de résister intérieurement à ce qui est déjà ? »*

Si quelqu'un a eu un terrain d'exercice extrême pour apprendre cette leçon, c'est bien Roger. Cela doit être terriblement tentant, quand on vit dans un contexte aussi totalement déshumanisé que le couloir de la mort, de fuir dans les souvenirs du passé ou les espoirs fous pour l'avenir. Cela ne veut pas dire que Roger ne rêve pas, qu'il ne s'évade jamais mentalement.

Je lui ai envoyé des photos des stages que j'anime en haute montagne dans un site paradisiaque et il m'a répondu :

« Je veux que tu m'emmènes loin d'ici pour être avec toi à la montagne. Je ne veux pas que toi, tu viennes t'asseoir auprès de moi. »

Mais parce que garder son équilibre mental était pour lui une question de survie, Roger a appris que vivre l'instant présent était sa planche de salut, ce qui ne l'a jamais empêché, se sachant innocent, de travailler intensément à la révision de son statut de condamné[11].

« J'essaie de ne pas vivre hors du présent, sinon je ne pourrais plus jamais faire ce que je dois faire dans l'instant. Alors je fais vraiment de mon mieux pour être le meilleur que je peux à chaque instant de ma vie. […] Nous ne pouvons que faire face à un moment après l'autre parce que c'est tout ce qui nous est donné, un instant présent après l'autre. » (Sans date, autour de 2005)

« Je suis en bonne santé. Même quand je ne suis pas au top de ma forme, je réalise que cela pourrait être pire. Aussi suis-je reconnaissant juste pour le moment présent. »

Et à une correspondante qui lui avait fixé un rendez-vous pour le lunch à sa sortie de prison, la pensant imminente, il répondait :

« Je suis bien et je vis comme toujours un jour après l'autre. Je ne peux pas vivre autrement. Je tâche de savourer chaque parcelle de

chaque instant et je remercie l'univers pour chaque instant qu'il me donne… Alors, attendons un moment avant de fixer un autre rendez-vous. Sachons jouir du maintenant pour ce qu'il est et nous nous approcherons ainsi du futur quand il deviendra le présent.
De cette façon, ni l'un ni l'autre ne sera en retard pour notre rendez-vous. Smile. » (25 janvier 2009)

Il explique que *c'est son ancrage dans l'instant présent* qui lui permet de conserver son équilibre mental :

« *Bien sûr, la vie te réserve quelque chose de merveilleux dans cette existence.* Tu ne dois jamais abandonner, *et moi de même. Nous ne sommes pas des lâcheurs ; nous devons attendre ce que Dieu a planifié pour nous et cela viendra si nous y croyons. Je ne fantasme pas concernant le monde extérieur, j'ai déjà assez de peine à faire face à ma réalité quotidienne. Smile.*
Quand je pense à ce qu'il y a à l'extérieur de ces murs, cela me déprime. Je ne peux pas me permettre de vivre plus loin que mon "maintenant". C'est tout ce que j'ai et c'est ce qui me maintient mentalement sain. Il y a tant de choses que j'ai envie de faire, de voir, d'expérimenter et je sens que si je me permettais de fantasmer à leur sujet, je partirais et ne reviendrais jamais. C'est un piège que je dois éviter à tout prix. Smile. » (lettre non datée, entre 2008-2010)

Ajoutons que Roger dit qu'il n'a ni montre, ni calendrier. C'est l'illustration frappante de son enracinement dans le moment présent.

La persévérance

« If you're going through hell, keep going. »
« Si vous traversez l'enfer, continuez à traverser. »
Winston Churchill

Il n'est pas difficile de réaliser que cette qualité est non seulement l'une des plus indispensables pour survivre pendant un long séjour dans le couloir de la mort, mais aussi dans toutes les difficultés de la vie.

Ce besoin de persévérer ressort dans toute la correspondance de Roger depuis tant d'années !

« Il semble que la force qui me poussait en avant est partie avec la fin de l'année. Je me suis assis et j'ai pleuré en pensant à toutes les vies, à l'amour, aux rêves et aux espoirs fracassés, non seulement les miens, mais aussi ceux de tant d'hommes avec qui j'ai passé les dix dernières années, espoirs qui se sont évanouis avec la fin de l'année et avec leur vie. Et je me demande : à quoi leur mort a-t-elle servi ? On commet encore des meurtres, on a tous à faire face à la mort et des hommes vont encore être assassinés au nom de la justice. Mais je sais que je dois continuer à me battre parce que la victoire consiste non pas à gagner, mais à ne jamais abandonner. Alors je continuerai à me battre cette année, comme je l'ai fait durant toutes les années écoulées. » (16 janvier 1996)

C'est l'année où la date d'exécution de Roger avait été fixée, puis annulée grâce à l'intervention d'amis. Ces derniers ont loué les services d'un premier avocat privé, qui a déposé une demande de révision du procès, ce qui annulait automatiquement la date d'exécution.

Deux mois plus tard, il écrit à une correspondante en Suisse :

« Parfois, cela devient très difficile et je mentirais si je ne vous disais pas que, par moments, j'ai envie simplement de tout laisser tomber. Je suis témoin de tant de tricheries et de trahisons de la part d'hommes qui devraient faire mieux et je me demande encore et encore : est-ce que cela ne va jamais cesser ? Est-ce que cet enfer ne va jamais prendre fin ? Mais avant même que les mots aient franchi mes lèvres, quelque chose me pousse à les retirer…
Il y a tant de questions concernant la vie et si peu de réponses ! Alors je continue à persévérer. Je ne veux pas que vous pensiez que je suis égoïste, mais je dois être honnête. Depuis que je suis ici, j'ai écrit tant de lettres pour des détenus afin de les aider à trouver des correspondants ! J'ai écrit tant de lettres pour les aider à trouver des avocats, à ouvrir un compte bancaire, j'ai tant fait pour aider certains à lire et d'autres à écrire ! … L'un d'entre eux a trouvé un correspondant qui l'a aidé à réunir 50 000 dollars, un autre a trouvé un ami qui a loué les services d'un des meilleurs avocats des États-Unis, un autre a vu sa peine allégée, un autre a obtenu des interviews à la télévision qui continuent. Et je viens seulement d'ouvrir un compte pour moi parce que, tandis que j'aidais les autres, je n'ai jamais réalisé que j'avais moi-même besoin d'aide.
J'étais simplement content d'aider les autres, je pensais que c'était mon destin, mais maintenant, je me demande ce qui se serait passé si j'avais investi tout ce travail dans ma propre défense. J'ai honte de penser de cette façon, mais je ne peux m'en empêcher. Je viens d'ouvrir un compte pour ma défense, mais je n'ai même pas

une seule personne pour y mettre ne serait-ce que quelques cents. Parfois, je ne comprends pas la logique de tout ceci. Je cherche constamment des réponses à des questions dont je sais que Dieu seul détient la réponse. Mais mon obstination [à persévérer] m'empêche d'abandonner. Peut-être qu'un jour, la réponse à ma question viendra et, avec elle, l'aide dont j'ai besoin. » (10 mars 1996)

Et c'est ce qui s'est passé avec son livre *Messages de vie du couloir de la mort,* qui a permis de récolter les fonds nécessaires pour assurer jusqu'ici sa défense, tout en lui donnant aussi une grande famille de correspondants à travers le monde.

Dans l'ancienne prison Ellis One Unit de Huntsville, où se trouvait le couloir de la mort jusqu'à la fin 1999, les détenus avaient le droit de faire des travaux manuels, ce qui constituait un facteur important pour leur équilibre mental et, pour certains comme Roger, une source de revenus non négligeable. Ce dernier confectionnait de petites boîtes en bois doublées de velours qui devenaient des coffrets à bijoux d'une grande beauté. Dans la lettre suivante, il informe sa correspondante de la suppression de ce droit juste avant le transfert à la prison actuelle où ces activités sont interdites. Comme souvent, il trouve son réconfort dans les paroles de Jésus.

« *Ils nous ont pour l'instant empêchés de faire nos travaux manuels et nous ne savons pas s'ils vont nous en empêcher définitivement. Pour l'instant, c'est en attente, mais quoiqu'ils fassent, ils ne briseront jamais mon esprit parce que Jésus a dit :* "Celui qui est en moi est plus grand que celui qui est dans le monde." *Je ne vais pas te mentir et prétendre que ce n'est pas difficile. Souvent, le matin, je n'ai pas envie de me réveiller pour reprendre la même routine encore et toujours, mais* je n'ai pas le choix. Je ne pourrais tout simplement jamais abandonner. » (14 février 1999)

Cet acharnement à tenir le coup et à résister au mal est illustré de façon très imagée par une phrase à la même correspondante où il pousse un véritable cri du cœur, ce cœur si valeureux qu'on a souvent envie de l'appeler « Roger Cœur de lion » :

« Par moments, je suis au bout du rouleau. Je m'accroche d'une main à une corde tandis que l'autre est attachée derrière mon dos, pendant que quelqu'un me tire par les pieds. Mais je sais que je ne dois pas lâcher. Alors je m'accroche et je m'accroche et je m'accroche. »

Ce sentiment qu'il n'a **pas le choix, pas le droit de tout lâcher** témoigne d'une vision exceptionnelle de la vie et, surtout, des lois qui sous-tendent l'univers, notamment celle qui veut que la plénitude totale de l'être constitue un état que nous devrons **tous** atteindre un jour ou un autre et que les leçons que nous n'apprenons pas de ce côté-ci du voile, nous aurons à les apprendre de l'autre.

Son avant-dernier avocat commis d'office, nommé en 2005 après le départ de l'avocat privé qui avait déposé en 1997 la demande de révision du procès ayant annulé sa date d'exécution, avait une réputation exécrable auprès de tous les détenus du couloir de la mort. Il prenait tellement de cas qu'il bâclait son travail. Je le sais pour avoir traité directement avec lui, le Comité international n'existant pas à l'époque. C'était le dernier avocat que Roger aurait voulu avoir ! J'ai fait parvenir à cet avocat des milliers de dollars pour embaucher un détective, qui n'a pas même été en mesure de retrouver la trace de Kerwin, le cousin de Roger. Cet homme avait en effet participé à la tentative de hold-up qui avait mal tourné. Or, une étudiante de l'université de Fribourg a pu, à l'aide de son seul ordinateur, découvrir depuis la Suisse la prison où ce cousin était détenu!

Se remémorant cette époque, l'une des plus éprouvantes de ses années en prison, il exprimait une fois de plus cette ténacité à toute épreuve qui lui a permis de tenir le coup dans les pires tsunamis, les gorges les plus profondes et les déserts les plus arides :

> « *J'ai toujours cru, même en ces jours tellement éprouvants avec le dernier avocat commis d'office [en 2005], que Dieu m'avait amené trop loin pour m'abandonner maintenant. Oui, il y avait des moments où je voulais, moi, abandonner Roger, mais comment pouvais-je m'abandonner moi-même alors que Dieu ne m'avait pas abandonné ?*
> *Vois-tu, nous perdons parfois espoir en nous-mêmes alors que Dieu n'a pas perdu l'espoir. Ensuite, nous nous demandons ce qui est allé de travers. Nous devons apprendre à* tenir le coup *coûte que coûte. Smile. Ce n'est pas l'adversité en soi qui nous rend forts, mais notre attitude face à celle-ci. Ce que nous apprenons dans l'adversité fait de nous ce que nous devenons.* » (17 juin 2010)

Bon appétit

« Dès le 1er juillet, ils ont changé nombre de règlements et l'un d'entre eux concerne l'envoi d'argent aux prisonniers. Depuis quelque temps, ils tâchent de nous empêcher de correspondre avec nos amis à l'étranger et avec nos familles. De nombreux groupements militant pour les droits des victimes[12] protestent contre l'aide que nous recevons de l'étranger. Ils n'aiment pas cela. Alors, en douceur, on met en place des règlements pour empêcher cette correspondance. Ainsi, un des nouveaux règlements précise : "Aucun prisonnier ne peut solliciter une aide financière si ce n'est d'un membre de la famille." Alors, je ne te demanderai plus jamais d'argent. Si tu as envie d'en envoyer, merci !

Maintenant, ils sont aussi en train de dire que les colis qui sont envoyés doivent provenir de membres de la famille[13]. Ces gens sont fous, Elisabeth. Toute démarche que nous entreprenons, ils la contrecarrent par une mesure plus vicieuse et vile. Ils sont en train de nous prendre ce qui nous reste comme possessions et nous obligent à les renvoyer à la maison ou alors, ils les détruisent... Je vais me débarrasser de tout ce que j'ai et ainsi, je ne leur donnerai pas l'occasion de me prendre autre chose. Dorénavant, je n'achèterai que de la nourriture, ce qu'il me faut pour écrire et quelques objets dont j'ai besoin [produits de nettoyage, dentifrice, savon, etc.].

À propos de nourriture, ils nous ont servi hier après-midi du poulet et de la purée de pommes de terre. Un gars détenu cinq cellules plus loin que la mienne s'est mis à crier qu'il avait trouvé un morceau de rat dans sa nourriture. Tout le monde a commencé à inspecter la sienne : il y avait des morceaux de rat dans les plats de presque tout le monde. J'en avais mal au ventre. Je n'ai rien mangé depuis. J'ai conscience que dans d'autres endroits de la planète, certaines personnes sont obligées de manger des rongeurs et d'autres créatures peu ragoûtantes simplement pour survivre parce qu'elles meurent de faim, et si je devais absolument le faire, je le ferais probablement – juste pour survivre. Mais cela devrait être mon choix et il faudrait au moins qu'on ait enlevé la peau de l'animal ! Dans notre cas, les morceaux étaient comme déchirés et avaient encore des poils ! » (28 juin 2002)

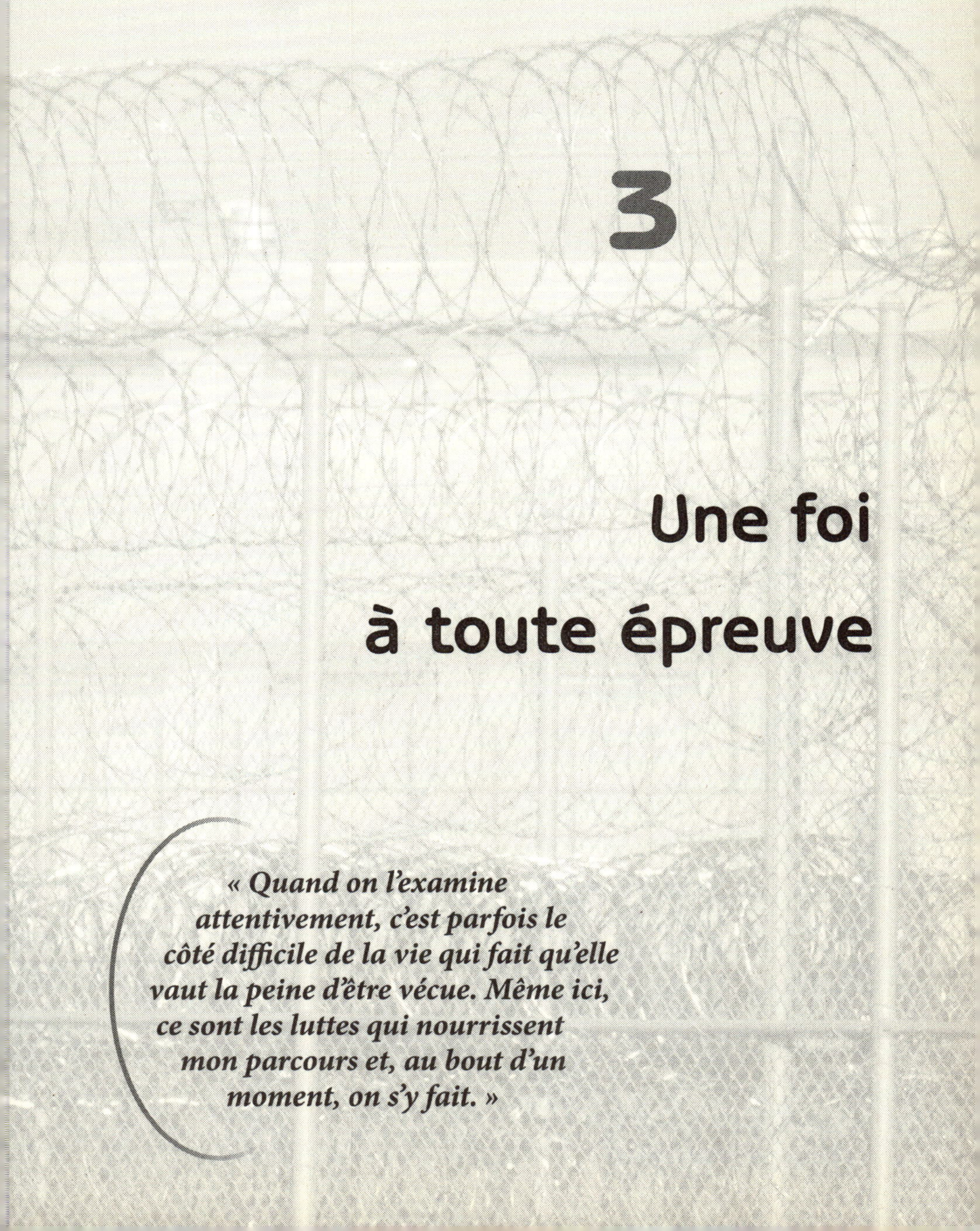

3

Une foi à toute épreuve

« Quand on l'examine attentivement, c'est parfois le côté difficile de la vie qui fait qu'elle vaut la peine d'être vécue. Même ici, ce sont les luttes qui nourrissent mon parcours et, au bout d'un moment, on s'y fait. »

« Nous sommes ce que nous cherchons.
Nous cherchons ce qui n'a pas été perdu.
Quand nous cherchons trop intensément,
nous manquons ce que nous cherchons.
Dieu est tout autour de nous,
alors pourquoi le chercher ?
Nous sommes ce que nous cherchons. »

Une foi puissamment enracinée

Il est évident qu'une persévérance telle que celle de Roger ne peut avoir sa source que dans une foi solidement enracinée. Personne ne peut vivre sans foi et même un athée manifeste, selon moi, une certaine forme de foi, par exemple celle en un univers qui serait soumis à la seule loi du hasard. Pour moi, il faut une foi infiniment plus grande pour croire au hasard dans un univers organisé de façon aussi parfaite que le nôtre (pensez que notre seul corps est constitué de 50 000 milliards de cellules !), que pour croire à l'existence d'un principe intelligent qui gère le tout.

Un astronome célèbre a dit que croire en un univers organisé par le hasard équivaudrait à croire qu'une bourrasque traversant un dépôt de vieille ferraille laisserait derrière elle un Boeing 747 flambant neuf !

En 1996 déjà, l'année où une date d'exécution fut fixée pour lui, Roger annonce la couleur :

« Je crois dans l'impossible. Je crois que Dieu est tout-puissant et que, si nous avons la foi, il est capable de réaliser n'importe quoi. »

Cette foi est le carburant qui alimente sa lutte :

« Nous devons parfois regarder la réalité en face et accepter les choses que nous ne pouvons changer à l'extérieur. Mais nous ne devons jamais cesser de tenter de changer ce qui est à l'intérieur. Tant que l'âme n'est pas estropiée, il n'y a rien que nous ne puissions réaliser et crois-moi, quand je te dis que j'en ai vu, des âmes estropiées ! Je crois qu'une âme est estropiée quand elle est sans foi, car sans foi, d'où jaillirait notre espérance ? La foi est le véhicule qui alimente l'espoir et l'espoir est l'énergie qui nous donne la force de nous tenir debout et de lutter quand tout le monde autour de nous a abandonné. »

En février 2010, j'ai donné une conférence sur Roger à l'École Polytechnique Fédérale de Lausanne. Je lui avais demandé de rédiger un texte expliquant les bases de sa spiritualité. Les passages suivants en sont extraits :

« On me demande souvent quelle est la base de ma spiritualité. Ma spiritualité se fonde sur ma foi en Dieu, sur le fait de savoir qu'Il est le Dieu de tout ce qui vit et que toutes les formes de vie sont connectées spirituellement. Le fondement de ma foi découle de mon cheminement à travers la vie, sachant qu'à chaque pas que je fais, Il est avec moi et que, lorsque je trébuche, je ne suis pas jugé sur ma chute, mais sur la façon dont j'utilise le temps mis à me remettre debout. Ma foi découle du fait que je crois en Dieu avec chaque fibre de mon être et de la conviction que, quelle que soit la situation dans laquelle je me trouve, Il peut trouver une voie de sortie si seulement je le Lui demande… J'apprends à apprécier chaque journée pour chaque seconde qu'elle m'accorde.

Je me fais un devoir de ne jamais garder de rancune contre qui que ce soit, ni de permettre à qui que ce soit de me pousser au point de le haïr. Quand je regarde le visage de ceux qui m'entourent, je cherche Dieu qui, je le sais, réside en chacun de nous. Je cherche le fil qui nous relie à la vie, qui nous relie à Dieu, qui nous relie les uns aux autres. Les liens les plus forts sont ceux qui sont tissés avec une corde faite d'Amour, d'espoir et de compassion.
La spiritualité est une marche avec tous ces éléments qui sont spirituels. L'arbre qui nous fournit de l'ombre et l'herbe qui nous offre son confort aux moments chauds de la journée sont spirituellement connectés à nous et constituent des dons de Dieu qui doivent être appréciés et dont il faut prendre soin.
Je vis ma vie ici comme je le ferais si je n'étais pas emprisonné, conscient du fait que là où il y a la haine, l'amour doit régner et que là où il y a tant de mort, il faut que règne la vie. Alors j'offre autant que je peux des deux et vous pouvez faire de même. L'amour n'est qu'à une pensée de distance, il est si facile à donner et il ne coûte rien.
Je vous laisse avec ce qui suit : nous ne pouvons attendre que les autres nous aiment avant de leur donner nous-mêmes de l'amour. La vie nous redonne ce que nous investissons en elle. Dans ce monde, il est donné à chacun un certain espace et il revient à chacun de meubler cet espace avec amour. Imaginez combien le monde serait beau si chacun faisait cela ! Nous ne sommes qu'à un pas de l'amour. Faites le prochain pas, mes amis ! Faites le prochain pas !
Je vous souhaite le bien, je vous souhaite l'amour et je vous dis au revoir. »

Des mots forgés au feu de l'enfer

Dans l'Ancien Testament (3:2,3), le prophète Malachie explique le sens des épreuves de la vie par une très belle image. Parlant de Dieu, il dit : *« Il sera comme le feu du fondeur... Il s'assiéra, fondra et purifiera l'argent ; il purifiera les fils de Lévi [tous les êtres humains], il les épurera comme on épure l'or et l'argent. »*

Une personne qui voulait comprendre ce verset est allée voir un bijoutier fabriquant des bijoux en argent selon une méthode artisanale. Il tenait une pièce d'argent au-dessus d'une flamme brûlante. Il expliqua qu'il fallait tenir la pièce là où les flammes étaient les plus fortes pour brûler toutes les impuretés. La personne en question songeait à Dieu qui nous tient dans de telles flammes : *« Il sera comme le feu du fondeur. »* Elle demanda à l'artisan s'il devait toujours rester à côté de la pièce à la surveiller aussi attentivement. Il répondit par l'affirmative, expliquant que si l'argent restait trop longtemps dans la flamme, il pourrait être détruit. Elle resta songeuse, puis demanda : *« Comment savez-vous que l'argent est suffisamment affiné ? »* Avec un grand sourire, le bijoutier répondit : *« Oh ! Ça, c'est facile : c'est quand je peux voir mon visage clairement reflété sur la pièce. »*

Roger a été testé au plus fort de la flamme jusqu'à l'extrême limite et en est sorti affiné. C'est parce que la flamme a été si intense que son témoignage touche des gens dans le monde entier. N'importe qui peut sentir l'authenticité exceptionnelle de ses paroles.

Dans une lettre à une correspondante néerlandaise, il évoque ces tests :

« Notre foi est souvent testée sans qu'on s'en rende compte sur le moment et, au lieu de louer Dieu, nous nous retournons et Le maudissons parce que nous avons l'impression qu'Il nous met

un poids sur les épaules sans nous donner la force de le porter. Je crois vraiment que tu as entendu la voix du Christ et que tu es en train d'être éprouvée.
Parfois, l'épreuve n'a pas pour but de nous aider à trouver la force dans notre foi en Dieu, mais à trouver la force en nous-mêmes parce que nous Lui demandions de faire pour nous des choses que nous pouvions réaliser nous-mêmes. Je ne dis pas que ceci s'est passé dans ton cas, mais c'était mon cas et j'ai ressenti exactement ce que tu décris. Parfois, nous devons descendre tout au fond de la vallée avant de faire l'ascension des plus hauts sommets…
Certaines personnes croient que Dieu ne nous parle plus comme il le faisait dans l'Ancien Testament[14]*, mais je dis qu'Il nous parle et tu as entendu Ses paroles comme je les ai entendues. Nous étions arrivés à un point de notre vie où Il savait que nous entendrions et que nous agirions.*
C'est tellement merveilleux de t'entendre dire que Sa présence est de nouveau dans ta vie. Oui, quelle douce joie de savoir que Dieu est dans ta vie! Il n'existe aucun sentiment qui puisse se comparer à celui-là! » (sans date, fin des années 1990)

« Les murs de ciment et les portes blindées ne peuvent barricader que ce que je leur permets de barricader. »

Renoncer à sa vie plutôt qu'à sa foi

Il est prêt à mourir pour sa foi, comme il le dit clairement à une personne avec qui il correspond depuis 18 ans.

> *« Non, ils ne peuvent pas ôter notre foi qui est un rocher sur lequel on peut se tenir et pour laquelle je suis prêt à mourir. Car sans foi, il n'y a vraiment aucune raison d'espérer et sans espoir, comment rêver d'un lendemain nouveau ? Et même avec une foi très solide, nous devons nous rappeler parfois combien importante est la foi dans nos vies ici. Je ne peux pas te mentir : ce lieu et ceux qui le dirigent mettent notre foi à l'épreuve quotidiennement. Je dois constamment me rappeler que nous sommes tous enfants de Dieu, qu'Il nous aime tous et que nous avons tous besoin d'être pardonnés pour la façon dont nous nous traitons les uns les autres. Parfois, je regarde attentivement la personne qui se conduit mal en me demandant si elle sait vraiment ce qu'elle fait. »*

Une foi non dualiste

Il convient ici de faire une petite parenthèse pour expliquer la différence fondamentale entre les visions religieuses et spirituelles, dualistes d'une part et non dualistes (ou philosophie de l'unité de toutes choses) d'autre part. Roger adhère totalement à cette deuxième vision qui est le fondement même de sa foi.

La plupart des religions ont une démarche dualiste, particulièrement les trois religions du Livre, même si, dans le judaïsme, le christianisme et l'islam, on trouve des maîtres, penseurs et mystiques non dualistes, tels que Maître Eckhart ou Jakob Boehme chez les chrétiens ou ce sublime penseur et poète qu'est Rumi chez les soufis musulmans.

Dans la vision dualiste, tout va par deux : le bien et le mal, Dieu et le diable ou bien Dieu et l'homme, la matière et l'esprit, la vie et la mort, l'enfer et le paradis, la terre et le ciel, etc. Dieu est encore souvent vu par certains comme un Être lointain dont l'homme est séparé, assis au sommet d'une haute montagne, parfois menaçant, masculin et presque toujours barbu chez les peintres chrétiens. Le croyant doit gagner le paradis pour accéder à sa nature divine en grimpant la paroi escarpée de la montagne. Quand, de surcroît, cette vision est imprégnée d'un fort sentiment de culpabilité, comme dans la tradition judéo-chrétienne, cela devient vite très lourd à porter.

Dans la vision non dualiste[15], le croyant est déjà au sommet de la montagne, faisant déjà un avec Dieu, la source, l'amour cosmique infini, l'intelligence créatrice (utilisez le terme qui vous convient et qui sera toujours inadéquat, aucun mot ne pouvant convenablement Le décrire). Le chemin spirituel ne consiste donc pas, ici, à grimper une pente rude dans l'espoir toujours incertain d'arriver un jour au sommet, mais, par un travail persévérant sur soi, à permettre au brouillard qui masque la réalité de se dissiper peu à peu : notre nature est divine par essence, nous sommes une manifestation du divin et il n'y a nulle part où aller. Nous y sommes déjà.

C'est ce que Roger exprime dans les paroles superbes mises en exergue de cette section et dans ces phrases étonnantes :

> « *On ne peut jamais connaître le vrai chemin avant d'arriver. Et quand nous arrivons là où nous pensons que nous devrions être, nous prenons conscience que nous y étions tout le temps. On croit gravir la montagne, mais on est déjà au sommet !* »

« *À mesure que nous faisons l'expérience de la vie comme un don de Dieu, Dieu fait l'expérience de la vie à travers nous.* »

Jésus disait : « *Moi et le Père, nous sommes un.* » – « *Je ne puis par moi-même rien faire, le Père qui est en moi, c'est Lui qui fait les œuvres.* » Roger exprime la même idée déjà citée de façon lapidaire, non sans humour, quand il écrit :

« Je vis en Dieu et Lui en moi et nous allons toujours fort bien. »
« *Vous me demandez qui est Dieu. Tout ce qui existe est Dieu. Pour moi, Dieu est en toutes choses : dans l'air que nous respirons, les sentiments que nous manifestons, les émotions que nous ressentons, l'amour que nous avons les uns pour les autres ainsi que l'indifférence. Dieu est dans chaque leçon donnée, chaque peine de cœur endurée, chaque sourire que nous avons donné et chaque larme versée. C'est la voix qui vous dit "ne fais pas cela" quand vous savez que vous ne devez pas faire une chose, et qui vous pousse à la faire quand vous le devez. Je crois que Dieu est une fontaine qui ne cesse de couler. Quand vous êtes coincé dans votre voiture accidentée, qu'il n'y a aucun moyen d'en sortir et que vous allez mourir, ce pompier ou secouriste qui vient à votre aide est Dieu.* » (3 décembre 2005)

Cette totalité du divin signifie nécessairement que tout est un : elle implique que toutes choses sont reliées et seule une vision matérialiste nous empêche d'en prendre conscience. Par conséquent, tout est l'expression infinie du divin infini, quelles que soient les apparences contraires au niveau des sens.

« En fin de compte, tout revient à soi-même parce que tout est Dieu. Comme tu l'as dit, Dieu est tout. Et si tu comprends ça et le crois, alors effectivement, tout est bien. »
« Dieu vit en nous et Sa lumière brille à travers nous. Quand quelqu'un ne manifeste pas le meilleur de lui-même à tout moment, il diminue l'éclat de la lumière qui brille à travers lui. Oui, nous tendons à oublier que nous sommes un avec Dieu et non pas deux. » (2 janvier 2005)

Même dans ces discussions métaphysiques si profondes, Roger conserve ce merveilleux sens de l'humour qui le quitte rarement et il peut écrire, presque avec légèreté :

« Dieu est tout le temps merveilleux et Dieu aime s'amuser[16]. Je m'amuse bien avec Dieu et je suis sûr qu'Il s'amuse autant avec moi… Il n'y a qu'un seul Dieu et Il est un Dieu d'Amour ou Elle l'est. Ce Dieu est un Dieu de compassion et de miséricorde… Nous devons toujours nous en souvenir et savoir que Dieu sait vraiment ce qu'Il fait. [17]»

Mais Roger va encore plus loin dans cette définition de l'unité avec le divin car pour lui, à la limite, elle efface totalement toute conscience d'être un individu séparé qui existe de façon autonome, comme un "moi" ou même un Soi.

« Le Ciel est cette prise de conscience que nous ne pouvons penser à nous-mêmes sans penser à Dieu, sachant que là où est Dieu, là est le Ciel. Alors quand je vous regarde et que je reconnais Dieu en vous, je reconnais aussi que le Ciel est en vous, et quand je vois Dieu en vous, il n'y a plus de vous. »

Cette conscience de l'unité de tous les hommes apparaît de façon poignante dans ce passage d'une lettre où il décrit comment les gardiens se tapaient dans le dos après avoir mis un de ses amis dans le fourgon cellulaire l'amenant à « Death House » à Huntsville, la maison où on exécute les condamnés à mort.

Je crois qu'ils étaient heureux, se félicitant mutuellement pour un travail bien fait. Et je crois qu'ils pensaient vraiment faire le travail de Dieu. Mais si c'était le cas, alors ils n'auraient jamais eu autant de plaisir à prendre la vie de l'une de Ses créations. Oui, j'ai prié pour eux parce que c'était la seule façon pour moi de commencer à leur pardonner. En priant pour eux, je prenais conscience de l'unité qui nous relie tous et du fait que je ne pouvais pas les haïr pour ce qu'ils avaient fait sans me haïr moi-même. »

« Il n'existe aucun endroit dont les murs puissent emprisonner un homme qui veut être libre en Dieu. »

Dieu dirige tout

Une certitude supplémentaire très importante et que Roger a lentement acquise au cours des années est qu'en fin de compte, Dieu dirige tout, quelles que soient les apparences matérielles.

Comme l'écrit Mary Baker Eddy, dont l'ouvrage d'inspiration non-dualiste déjà cité[18] a joué un rôle clé dans le cheminement spirituel de Roger : *« Dieu, l'Entendement divin, gouverne tout, non partiellement, mais totalement. »*

« Je ne crois pas qu'on doive être toute sa vie en alerte. On ne peut pas se préparer à toutes les éventualités… Je crois qu'en fin de compte, tout sera pour le mieux, car je suis convaincu que Dieu est aux commandes. »

Le plan parfait de Dieu

Trois autres points importants dans la foi de Roger sont sa conviction que Dieu a un plan et une mission pour sa vie et qu'en fin de compte, malgré toutes les apparences contraires, Il dirige tout vers une fin harmonieuse pour tous et que Sa grâce et Son amour sont sans limites.

« Nous sommes tous les petits morceaux d'un grand puzzle et celui-ci ne sera jamais complet tant que nous n'aurons pas pris

conscience de notre place dans le plan de Dieu, tant que nous ne serons pas devenus un par l'assemblage de toutes les pièces du puzzle en vue de réaliser la paix parfaite de Dieu. Je crois et je sais qu'Il a un plan pour moi. » (30 novembre 1998)

Une telle certitude permet de mieux comprendre et le courage et la force de Roger face aux vicissitudes du couloir de la mort. Commentant le cas de ceux qui n'ont pas cette conviction et finissent par s'autodétruire, il affirme :

« *Nous devons croire et savoir que Dieu a son plan spécial pour chacun de nous et faire confiance.* »

Car Lui seul sait ce que sont ces plans.

« *Nous avons fait un long chemin, amie, et le combat était rude et dur. Je sais que Dieu nous conduit pas à pas et qu'Il continue à nous diriger. Il n'a pas envoyé tant de personnes merveilleuses dans ma vie pour rien. Il y a quelque chose que nous devons accomplir qui ne nous a pas encore été révélé, et jusqu'à ce que ce soit le cas, nous devons simplement faire confiance à Dieu.* »

Trois ans plus tard, cette conviction, qui transforme les vallées les plus sombres en tremplins spirituels, s'est encore renforcée en lui :

« *Je sais que Dieu m'a vraiment béni. Je sais dans mon cœur qu'Il a planifié quelque chose de merveilleux pour moi. Oui, Son plan pour nous tous est parfait.* »

Nous choisissons notre chemin

Le long extrait de lettre suivant, envoyé à une correspondante juste après que Roger eût fêté son quarantième anniversaire, fait ressortir sa conviction que nous avons tous une mission sur cette terre et que, finalement, nous choisissons nous-mêmes notre chemin. Ceci aide à comprendre pourquoi il disait en l'an 2009 qu'il ne regrettait pas ses 22 ans dans le couloir de la mort.

> *« Voilà. Je viens de franchir le cap de la quarantaine. Je pense souvent à ma mère et à mon père, tous les deux partis dans la quarantaine, et à mon frère aîné, parti à 28 ans. Autrefois, je pensais à eux avec beaucoup de tristesse, mais maintenant, j'en viens à croire que quand nous quittons cette terre, c'est que notre travail est achevé, que ce soit simplement de planter une fleur ou d'offrir un verre d'eau à quelqu'un.*
>
> *Nous savons si peu de la vie et de la mort, mais peut-être que tout notre temps dans ce monde-ci n'avait pas d'autre raison que de pouvoir sourire à un étranger qui passait par un moment difficile. Mais je n'ai jamais imaginé que je n'atteindrais pas la quarantaine et malgré ma condition actuelle, mon travail n'est pas terminé.*
>
> *Quand je repense à l'année écoulée et que je songe à tout ce qui me causait du souci, me demandant parfois comment je pourrais vivre une journée de plus, demandant à Dieu à genoux : "Qu'ai-je donc fait pour mériter ce traitement ?", la réponse était : "Tu es assez fort pour porter le fardeau ! Alors, ne pose pas la question avec la tête, mais avec le cœur." Et je suis toujours ici à porter le fardeau, mais sans en sentir le poids, connaissant la réponse avant même de poser la question.*

Que nous le croyions ou pas, nous choisissons notre chemin. *Maintenant, nous entrons dans une nouvelle année, laissant derrière nous l'année écoulée, priant que la nouvelle nous amène plus d'amour, de bonheur et de joie, oubliant que ce n'est pas le fait d'entrer dans une nouvelle année qui nous amènera ces choses, mais notre état d'esprit, notre consécration à Dieu et la conviction que tout pouvoir Lui appartient pour créer le vrai changement et qu'il est gratuit. Ce changement ne vient pas avec l'an nouveau, mais sa possibilité est avec nous pour l'éternité. Nous n'avons qu'à le demander.* » (30 décembre 2003)

Faire face à notre condition humaine

« C'est quand nous faisons face à notre propre condition de mortel que notre foi entre en action », déclare Roger.

À un ami français qui vient d'avoir un accident de voiture, il décrit une dimension de la foi importante pour lui.

« S'il est vraiment possible de croire, alors il n'y a pas de meilleur moment pour vérifier ce que nous croyons que lorsque nous faisons face à notre propre condition de mortel. Dieu nous permet de croire tout ce en quoi nous devons croire parce que la foi que nous avons en Lui nous permet justement de dépasser notre condition de mortel et de poser nos pieds sur le seuil de l'éternité. La plupart des gens croient sans croire parce qu'ils n'ont jamais eu l'occasion de mettre leur foi à l'épreuve. C'est seulement quand nous faisons face aux situations les plus extrêmes, que nous sommes brisés et en miettes sur le trottoir, n'éprouvant plus que douleur, tristesse et

regret, que nous pouvons vraiment comprendre ce que signifie de croire réellement en quelque chose en se reposant sur notre foi et en sachant que tout ira bien malgré toutes les apparences contraires. C'est aussi simple que ça, mon frère. Vous avez fait ce que peu de gens auraient pu faire, vous avez pris appui sur votre foi en Dieu et votre paix intérieure est revenue. » (2 décembre 2010)

La grâce et l'amour de Dieu

Terminons ce chapitre avec sa conviction profonde que nous ne pouvons jamais être privés de la grâce de Dieu.

« *Oui, Dieu ne nous a jamais abandonnés et ne le fera jamais. Il est toujours disponible, à une prière de distance. Mais parce que nous sentons qu'Il ne vient pas immédiatement quand nous l'appelons, nous pensons qu'Il nous a abandonnés. Esaïe 55 : 8-9 dit tellement justement :* « Qui sommes-nous pour questionner Dieu ?[19] »

« *Dieu est merveilleux et aussi bas que nous pensions être tombés, nous ne pouvons jamais tomber en dehors de Sa grâce et de Son amour, car Ses promesses durent à jamais. Je suis toujours sur Sa longueur d'onde, car Sa ligne de communication n'est jamais fermée. Je ne pourrais pas entraver cette communication, même si je le voulais. Il dirige ma vie et je suis tellement heureux qu'Il m'appelle son enfant.* » (22 avril 2001)

Roger n'est rattaché à aucune religion, même s'il reconnaît volontiers ses racines judéo-chrétiennes et qu'il a écrit un jour à une correspondante que Jésus s'est sacrifié pour notre salut.

« Je ne souscris à aucune religion particulière. J'ai toujours pensé qu'elles ont toutes une part de vérité en elles et je ne dirais du mal d'aucune religion. Je refuse de juger qui que ce soit, car c'est l'affaire de Dieu. Si quelqu'un me demande mon opinion, je la donne aussi humblement que possible.
J'ai rencontré des athées qui étaient parmi les personnes les plus généreuses et aimantes au monde, tout comme j'ai rencontré des chrétiens dévots qui étaient mesquins et méchants.
Je crois qu'un jour, nous aurons tous à répondre des décisions que nous avons prises dans la vie à un pouvoir qui est plus haut et plus puissant que tout ce qu'aucun de nous n'a jamais pu imaginer. »

Notre pensée est le plus grand obstacle à la véritable liberté. Nous l'utilisons pour construire les murs qui nous entourent. Ensuite, nous nous disons qu'ils sont infranchissables et nous nous prenons à nos propres pièges. Nous devons voler plus haut que notre pensée et briser les chaînes qui nous emprisonnent.

Pas assez d'énergie pour haïr

Dans cette lettre du 9 mai 2004, Roger décrit un *lockdown* particulièrement dur pour les détenus :

« Nous mangeons des sandwiches froids au beurre d'arachide et les restes qu'ils ne peuvent donner aux autres prisonniers vivant en dehors du couloir de la mort. Crois-le ou non, la situation est devenue pire ! Ils ont maintenant limité ce que nous pouvons posséder et vont jusqu'à punir des détenus pour avoir conservé un peu de sirop d'érable ou un paquet de céréales ! Ils mettent nos cellules sens dessus dessous quotidiennement et nous ne pouvons pratiquement plus aller au magasin de la prison.

C'en est arrivé à un point tel que certains gardiens parlent de démissionner. Personne ne contrôle le nouveau gardien chef. Aussi, les gardiens savent-ils qu'ils peuvent faire pratiquement n'importe quoi et s'en tirer sans ennuis. C'est tout juste s'ils ne torturent pas les détenus ! C'est une violation des droits humains, mais personne ne s'en préoccupe. Les détenus sont agités et en colère. Quelque chose va bientôt craquer.

Ils nous ont tout pris ! Nous ne pouvons même pas avoir une corde à linge pour suspendre ce dernier ! Ils nous ôtent tous les récipients que nous utilisons pour boire sans rien nous fournir en retour. Tout ce qu'ils donnent aux détenus est crasseux, les draps, les linges, les sous-vêtements, comme si on les avait traînés dans la boue ! Quand nous demandons pourquoi, ils nous rient au nez et nous confisquent même nos produits de nettoyage !

Pour la fête du Memorial Day, les autres détenus et les gardiens ont reçu des côtelettes, mais le couloir de la mort a reçu du poulet qui avait passé à travers une broyeuse, avec les os mélangés à tout le reste ! Quand nous l'avons montré aux gardiens en leur disant que c'était immangeable, ils n'ont su que rire et nous ont dit d'écrire à la cuisine ! Comment peut-on être si cruel ? Pourquoi les gens ne peuvent-ils pas se comporter décemment ? [...]

Je ne les hais pas, parce que pour faire ce qu'ils font, il est clair qu'ils doivent se haïr eux-mêmes plus que je ne pourrai jamais le faire. Par ailleurs, je n'ai pas assez d'énergie pour haïr ! »

4

La gratitude

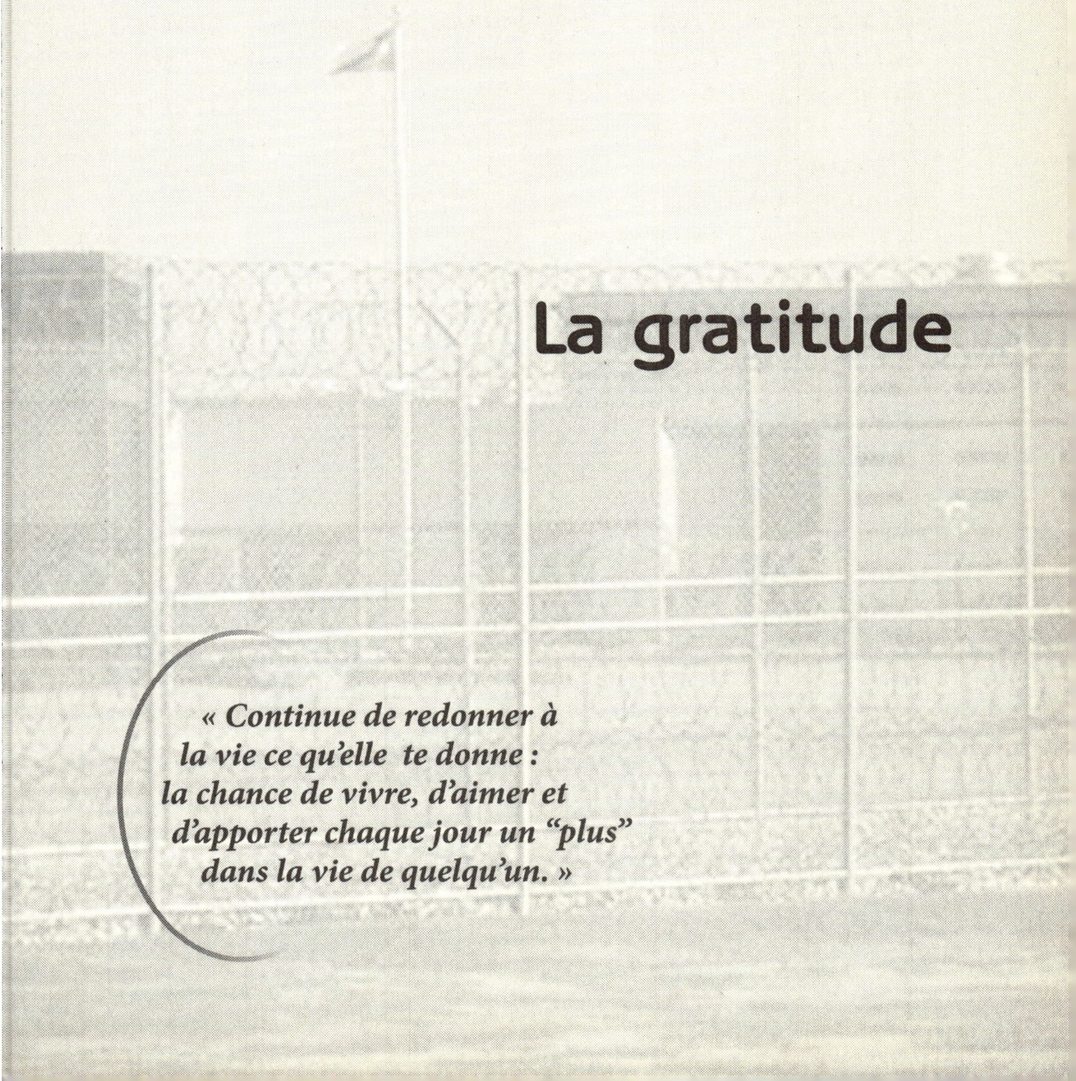

« Continue de redonner à
la vie ce qu'elle te donne :
la chance de vivre, d'aimer et
d'apporter chaque jour un "plus"
dans la vie de quelqu'un. »

« Je n'oublie jamais que rien ne nous est dû. Ainsi, je suis plein de gratitude à chaque bouchée et à chaque gorgée que j'avale. »

« Je suis béni chaque jour et aussi mal qu'une journée puisse se passer, il y a toujours une chose pour laquelle on peut être reconnaissant. »

La reconnaissance quotidienne

Quelles que soient les conditions régnant en prison ou dans sa propre vie, Roger continue à rendre grâce, à dire merci. Il faut un événement vraiment plus qu'exceptionnel pour faire taire sa gratitude, et encore pour peu de temps ! Même les petites vexations de la vie de tous les jours deviennent une occasion de remercier. C'est l'une des plus grandes leçons qu'il me donne.

> *« Je ne peux jamais cesser de louer Dieu, aussi mauvaises que soient les circonstances ou que nous pensions qu'elles soient ! Nous avons simplement à regarder autour de nous pour voir Ses merveilleuses bénédictions.*
>
> *Je me suis luxé le bras en faisant mes exercices. D'abord, j'ai eu une réaction de frustration de devoir prendre quelques jours de pause dans mes exercices, mais j'ai cessé ensuite lorsque j'ai pris conscience de la bénédiction que c'était de pouvoir sentir la douleur dans mon bras, car cela signifiait que j'étais vivant un jour*

de plus pendant lequel je pouvais aider encore une âme à sourire. Et je me suis souvenu que la plupart des choses que nous prenons pour des malédictions sont en fait des bénédictions. Car je suis conscient que nombre de membres de ma famille et de mes amis ne peuvent plus rien ressentir sur le plan humain parce qu'ils ne sont plus là. » (16 février 2003)

« *Beaucoup de gens remercient Dieu quand ils sont heureux, mais rares sont ceux qui se souviennent d'offrir la même reconnaissance à Dieu quand ils sont tristes. Mais Dieu, Lui, est le même, que l'on soit heureux ou triste !* »

Juste après son transfert à Allan Polunsky, malgré des conditions d'emprisonnement qui se détériorent lentement et, semble-t-il, inexorablement, il continue d'exprimer sa gratitude :

« *Nombre de personnes ne sont pas conscientes du privilège qu'elles ont de tout simplement pouvoir marcher d'une chambre à l'autre, de chercher un verre d'eau et tant d'autres choses que les gens considèrent comme allant de soi dans cette vie ! Je remercie Dieu pour l'air que je respire, pour l'eau que je bois et avec laquelle je me lave. Je Le remercie même pour la poussière sur mes souliers ou la mouche qui me dérange parce que tout vient de Lui. Sans arrêt, je me remémore tous ceux que j'ai connus et qui sont retournés à leur vraie source. Ceux-ci ne peuvent plus écraser une mouche ou marcher sur la poussière d'où ils viennent.* » (25 janvier 2001)

Et il précise que même si les détenus subissent constamment des vexations :

« Je tâche de me rappeler que quelqu'un, quelque part, est dans une situation pire que la mienne. Alors je me dis que je peux y faire face, que cela ne durera pas si longtemps.[20] »

Sommes-nous reconnaissants pour les bienfaits quotidiens ?

Pour cet homme étonnant, les dons de Dieu vont même au-delà de ce qu'il demande.

« Dieu n'a cessé de me bénir au-delà de ce dont j'ai besoin. Je n'ai aucun motif de me plaindre. J'accepte ce que j'ai comme faisant partie de l'expérience que je suis appelé à vivre. Je sais que rien n'existe en dehors de Dieu, même pas la situation à laquelle je dois quotidiennement faire face; alors je trouve du réconfort à savoir que nous partageons ce chemin. Je m'efforce de me réveiller le matin et de m'endormir le soir avec un sourire sur mon visage, la reconnaissance dans mon cœur et une prière sur mes lèvres. Peut-on être plus béni ? » (17 avril 2005)

Mais il ne suffit pas à Roger d'avoir une vie débordant de bienfaits, il tient à les partager avec ceux qui l'entourent.

« Comme tu l'as dit, les bénédictions se manifestent dans nos vies sous toutes les formes, mais nous devons pouvoir les reconnaître, les accepter en tant que telles et ne pas nous sentir coupables de les avoir reçues ! Je réalise à quel point je suis comblé et, tous les jours, je tâche de les partager avec tous ceux avec qui j'entre en

contact. Et je remercie Dieu sans cesse pour chaque bienfait que je trouve sur mon chemin. »

À un correspondant qui pensait que le passage dans la nouvelle année devait être particulièrement difficile pour Roger, car signifiant une année de plus en prison, il donne cette réponse vraiment renversante :

« *En fait, je ne vois pas ce passage comme signifiant une année de plus dans le couloir de la mort, mais plutôt comme une année de plus pendant laquelle l'abondance divine peut passer à travers moi.* » (24 janvier 2002)

L'année suivante, toujours en janvier, il ajoute simplement :

« Je suis reconnaissant à Dieu de me permettre de voir une année succéder à l'autre et de bénir ma vie avec tant d'amis merveilleux. »

Ces amis que Roger décrit comme sa vraie famille et qui l'entourent de leur sollicitude comme il les nourrit de sa sagesse.

« Je vais bien. Je médite, je prie, je garde mon esprit et mon cœur centrés sur l'amour et la miséricorde de Dieu et je continue d'accueillir la lumière dans ma vie. »

Pouvoir aimer

Dans la citation qui suit, Roger exprime ce qui est peut-être la source de gratitude suprême pour lui : pouvoir aimer.

« Parfois, je lève mon regard vers le ciel à travers cette petite fenêtre et mon cœur s'arrête de battre un instant. Mais la vie continue[21] *et l'amour fleurit avec elle. La compassion et la miséricorde de Dieu sont visibles chaque jour et je sais que je suis béni de pouvoir dire que j'ai "aimé" aujourd'hui. Nous devons nous souvenir de remercier Dieu pour tout ce qui entre dans nos vies. Nous ne devons jamais prétendre qu'une chose nous revient de droit : c'est l'ego qui parle ainsi ! Ce que j'ai m'appartient, mais si d'autres en ont besoin, je le tiens à leur disposition. Il n'y a aucun mal à posséder quelque chose, à condition d'avoir compris que*

tout ce que nous possédons vient de la même origine et doit pouvoir être partagé avec tous. »

Une vie pleine de sens

Pour terminer, voici cet extrait d'une lettre datant du début 2011 où Roger exprimait la gratitude profonde pour ce cadeau qu'est une vie pleine de sens :

« *Je suis reconnaissant d'être dans la position qui est la mienne et d'avoir dans ma vie l'amour et le soutien de tant de gens merveilleux, mais je sais surtout combien je suis béni d'être enfermé depuis 24 ans dans une cellule et de pouvoir, malgré tout, encore trouver un sens à ma vie ! Tu ne peux pas savoir ce que cela signifie pour moi quand des gens m'envoient de petites cartes ou des lettres me disant combien mes paroles les ont aidés à transformer leur vie et à revoir leur manière de penser et de vivre leurs relations avec les autres. Mon cœur déborde alors d'amour et de compassion et je ne doute pas un instant que chaque moment que j'ai passé derrière ces barreaux avait sa raison d'être. Et je sais, avec chaque fibre de mon être, que Dieu a un plan parfait pour chacune de nos vies !* » (30 janvier 2011)

Punitions arbitraires

« Il semble que le nouveau gardien chef ait donné des quotas hebdomadaires de cas disciplinaires que chaque gardien doit remplir[22]. La plupart des gardiens méprisent leurs supérieurs et le gardien chef en particulier. Quand le dernier gardien chef est parti, il n'y avait pas beaucoup de gens au niveau 3, où le détenu est 24 heures sur 24 avec rien d'autre qu'un matelas, des draps et un pull. Pas de radio, pas de bouilloire, pas de ventilateur !

Le niveau 3 est censé être seulement destiné aux détenus violents ou ceux qui enfreignent constamment le règlement, et c'est aussi pour cela qu'on l'applique également aux détenus de droit commun. Mais ici, le nouveau gardien chef a dit aux gardiens surveillants que tous les cas disciplinaires relevés dans le couloir de la mort doivent automatiquement être catalogués comme "fautes graves", et donc punis du niveau 3.

Rien ne doit être apposé sur les murs des cellules ! Si on y met une photo de famille ou un calendrier, c'est automatiquement une faute grave punie du niveau 3 ! Les robinets des salles d'exercice sont cassés depuis que nous sommes arrivés. Or, nous avions l'habitude de prendre de petites bouteilles d'eau pour boire pendant que nous nous exercions. Sur l'ordre du gardien chef, désormais, plus de bouteilles d'eau dans la salle d'exercice ou dehors ! Si un détenu est attrapé avec une bouteille, c'est une "faute grave" qui entraîne la descente au niveau 3. Qu'il gèle ou qu'il pleuve et que l'on nous attrape dehors avec quelque chose sur la tête, faute grave ! Nous avons de petits manteaux de pluie comportant un petit chapeau (mais il ne protège pas du froid). Quand le gardien est venu me sortir pour ma période de récréation à 7 h 30, il faisait froid et il pleuvait. J'avais comme d'habitude une petite bouteille de café chaud dans la main. Le gardien, qui est un homme correct, comme la plupart de ceux qui sont ici, me dit :

– McGowen, vous ne pouvez plus prendre de liquides à l'extérieur. Ce sont les ordres du gardien chef !

Alors j'ai posé ma bouteille de café. Après que j'aie été fouillé[23], il a remarqué mon petit bonnet de laine et m'a dit :

– Désolé, Mac, mais vous ne pouvez plus non plus prendre votre bonnet.

– Mais vous savez qu'il pleut, qu'il fait froid et que je suis diabétique ?

– Oui, je le sais, mais on nous impose des mesures disciplinaires et si on ne vous punit pas, la direction réduit nos salaires. »

(30 décembre 2003)

5

Les outils spirituels

« Vivre, c'est laisser parler en soi sa nature profonde, non pas celle qui vient de notre naturel, de nos instincts, non, mais celle qui vient du divin, de Dieu. »

« Mes moments de prière et de méditation ne sont pas à heures fixes, car l'imprévu peut surgir à chaque minute, un imprévu à affronter et à assumer grâce à la prière. On pourrait dire qu'on apprend à "prier debout". Mais la plupart du temps, c'est la même prière que je fais : qu'il y ait plus d'amour entre les hommes. Je demande à Dieu d'accorder à tous la sagesse et la clairvoyance afin que nous puissions dépasser l'illusion. »

La prière, puissant outil spirituel

De tout temps, la prière a été la démarche spirituelle fondamentale des trois religions du Livre : judaïsme, islam, christianisme. L'apôtre Paul nous exhorte à *« prier sans cesse »*. Le livre juif des Psaumes constitue un recueil puissant de prières, de louanges, de supplications, d'affirmations et de reconnaissance, et on sait que les musulmans pratiquants se tournent cinq fois par jour vers La Mecque pour prier.

Pour Roger, comme la citation ci-dessus le sous-entend, sans la prière, la survie serait impossible dans le couloir de la mort. Dans sa correspondance, il revient sans cesse sur l'importance de cette dernière. Elle lui donne la patience nécessaire pour survivre non seulement dans ce lieu totalement surréaliste de la prison, mais aussi dans la vie de tous les jours.

« Pense à ce que serait un monde sans prière ! [...] Cela fait du bien de savoir qu'il y a quelque chose qu'on peut faire ! Sans prière, peux-tu imaginer combien la vie serait vide et sans espoir ? »

Car Roger a l'intime conviction que Dieu répond à nos prières, mais encore faut-il que nous soyons patients, car les plans de Dieu ne sont pas toujours les nôtres !

« Il n'y a jamais eu de citation plus vraie que celle d'Esaïe 55 que tu m'as envoyée, car qui peut connaître la pensée de Dieu ? Qui ? Je sais que Dieu répond à nos prières ! Je sais que Dieu est un faiseur de miracles ! N'est-ce pas bon de savoir que nous servons le Dieu vivant ?
Et de savoir ceci : « Ainsi en est-il de ma parole qui sort de ma bouche. Elle ne retourne point à moi sans effet, sans avoir exécuté ma volonté et accompli mes desseins. » *Merci pour cette citation.*
Oui, tu as raison, il y a dans cette vie tant de choses qui dépassent notre compréhension ! Tu sais, auparavant, je me posais constamment la question du pourquoi des choses. Mais après tout ce que j'ai traversé et que je continue de traverser, je ne me pose plus cette question parce que cela équivaudrait à vouloir comprendre la pensée de Dieu. Smile !
J'ai appris que si nous nous contentons d'attendre patiemment, tout nous sera révélé au bon moment. Nous voulons tout, tout de suite ! Nous voulons des réponses tout de suite, mais Dieu n'est pas un Dieu du "tout de suite", Il est un Dieu du "bon moment". Dieu est un Dieu patient qui nous révélera toutes choses en son temps. Et Il répond à nos prières au bon moment. » (8 juin 2008)

Roger lui-même a connu cette impatience. Dans sa lettre du mois suivant, il ajoute pour sa correspondante :

« *Quand je regarde en arrière, il y a bien des fois où j'ai pensé avoir besoin de Dieu et où j'ai été troublé parce qu'Il n'apparaissait pas. Mais plus tard, j'ai réalisé que j'étais troublé parce qu'Il ne semblait pas se manifester alors qu'Il était en train de répondre à mes prières. Dieu et la vie nous apprennent de drôles de leçons sur eux-mêmes ! Smile.* »

Un exemple d'une réponse « incognito » de Dieu est fourni par ma rencontre avec Roger[24]. Ce dernier se plaignait d'avoir aidé tant de codétenus à obtenir des avocats, des aides financières, des correspondants… sans rien trouver pour lui-même, mais l'amour divin préparait déjà notre rencontre et notre correspondance, d'où sortirait le livre *Messages de vie du couloir de la mort* qui transformerait totalement sa vie.

Il souligne l'importance déterminante de la prière dans son existence :

« *Les prières sont une arme puissante contre les forces qui nous barrent la route. C'est la prière qui m'a amené là où je suis et m'a maintenu fort. C'est la prière qui m'a amené vers toi. Dieu est vraiment merveilleux !* »

C'est toujours la prière qui lui permet de garder son calme pendant ces moments si difficiles que sont les *lockdowns.*

« *Cela fait deux semaines que nous sommes sous* lockdown *et nous avons commencé l'année en mangeant des crêpes froides au beurre d'arachide. Je prie Dieu constamment pour recevoir Sa force. Je ne crois pas que j'aie jamais prié autant. Mais cela aide.* » (9 janvier 2001)

Et le mois suivant, il ajoute au sujet du même *lockdown* :

« *Cela me donne une certaine paix de l'esprit de savoir qu'alors même que les gardiens me mettaient en colère par leur façon de tout jeter en l'air, je restais là à prier pour eux. Je suis OK, simplement un peu plus silencieux. Ce fut en fait assez facile. Il m'a juste fallu un petit moment pour réaliser que nous sommes tous les enfants de Dieu et que, même si souvent, nous faisons des choses imparfaites, nous restons toujours connectés au même amour divin pour lequel Jésus est mort afin de le donner à tous.* »

Trois ans plus tard, décrivant la détérioration croissante des conditions pénitentiaires dans une atmosphère de haine et de totale insensibilité à l'égard des détenus, il conclut de façon laconique :

« *La prière est ma seule arme.* » (27 juillet 2004)

Même les chevaux sont marqués au fer…

Entre parole et silence

« Je me suis mis à prier davantage et parfois, je n'ai rien à dire. Je reste là, à genoux, avec ma tête penchée dans une sorte de rêverie silencieuse. Parfois, je ressens Sa présence (je suis sûr que tu comprends). Dieu restera le même et Sa bonté ne cessera pas. Son Amour et Sa miséricorde ne connaissent pas de limites et je n'aime pas Lui demander de faire ce qu'Il va faire tout naturellement.
Au cours des deux dernières années, j'ai découvert qu'il n'y a rien de tel que la prière pour canaliser la colère. Maintenant, quand elle monte, je n'essaie plus de l'arrêter. Je lui permets de se manifester, puis je "l'offre" à Dieu dans la prière. » (13 octobre 2002)

La prière, terreau des miracles

Parlant de gardiens pour lesquels il priait, il a cette belle image :

« La prière, c'est comme jeter un caillou dans un lac. Cela fait des cercles concentriques qui touchent tout. »

Roger a la ferme conviction que ce sont ces « ondes invisibles » de la prière qui expliquent certains événements « miraculeux ».

« Pense à tes prières ! Nous ne nous arrêtons pas pour penser à l'importance de la prière dans nos vies. Je ne cherche pas à savoir comment est la personne pour qui je prie ou ce qu'elle a fait. L'important est que quelqu'un ait prié pour elle.
J'ai entendu des gens me raconter comment leur voiture en avait embouti une autre et s'était retournée, ou encore comment, après

avoir été pris pour cible avec une arme à feu, la gâchette de celle-ci s'était coincée. Un récit en suit un autre et tous ces gens disent : "Je ne sais pas comment j'ai survécu!" *Il m'est venu l'idée que, juste à ce moment-là, quelqu'un, quelque part, priait pour eux. La prière constitue le terreau des miracles et les miracles sont le fruit de la prière.*
J'ai tant de motifs de reconnaissance. Normalement, quand je prie, je lance un immense filet[25]*, mais je prie aussi tout au long de la journée. Je prie tout le temps, avec mes yeux, mon cœur, mon esprit, mes oreilles et ma bouche. Si je vois trébucher et tomber un gardien, je prie et je remercie Dieu qu'il ne se soit pas blessé.* »
(28 août 2004)

Prier pour tous et pour le monde entier

« *Je prie pour tout le monde, et j'entends bien : tout le monde! Pour les gardiens de la prison et leurs supérieurs, pour les dirigeants du monde, les sans-abri et ceux qui ont faim. Bien sûr, je prie aussi pour Charles*[26] *et pour Marion Panzer*[27]*. Je l'ai toujours fait et le ferai toujours, aussi longtemps que je serai en vie.* »
(28 avril 2009)

Avant d'être diagnostiqué diabétique, il lui arrivait d'ajouter le jeûne à la prière.

« *Jeûner aide le corps et l'esprit. Je jeûnais tout le temps avant d'être reconnu diabétique. Pendant des années, nous avions ce que nous appelions le jeûne en chaîne. Nous allions jusqu'à 21 jours d'affilée. Certains gars pouvaient seulement tenir 7 jours, mais moi, je visais chaque fois les 21 jours.* »

À une correspondante qui lui envoie parfois des lettres qui sont de longues épîtres pouvant aller jusqu'à dix pages, il confie :

« *La prière est la seule chose que je sais pouvoir te donner en sachant qu'elle t'atteindra. Je crois que la prière offerte pour quelqu'un est une des choses les plus précieuses qui soient.* »

Mais cela va dans les deux sens. Il dit ainsi qu'il se sent « flotter sur les prières » des lecteurs qui l'exhortent à ne pas abandonner. Il insiste sur ce point :

« *Je sais que ce sont les choses que nous ne pouvons voir qui nous procurent le plus de force et d'inspiration. Il y a des moments où nous sentons que nous ne pouvons pas faire un seul pas de plus, que nous sommes tout au bout du rouleau. Et à ce moment-là nous parvient de nulle part la force de lever la jambe ou de nous accrocher un peu plus fermement. Cette force vient des prières et de l'énergie que les autres nous envoient par ce canal.* » (10 juin 2006)

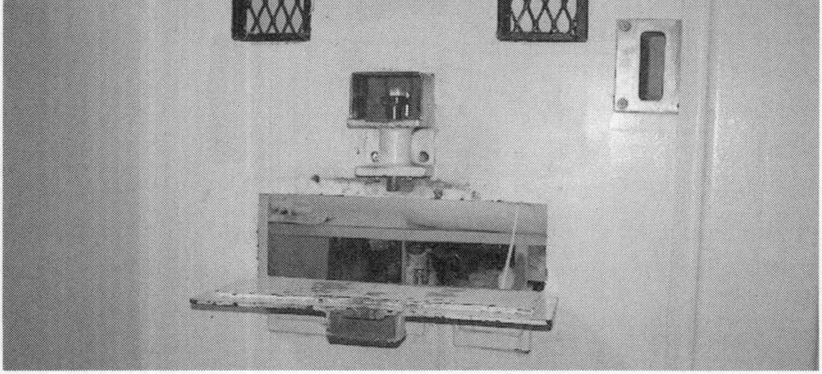

À propos d'Amma[28], dont le message spirituel touche si profondément une de ses correspondantes que celle-ci l'avait invité à écrire à la sainte indienne, Roger répond :

« Amma irradie vraiment une présence et une énergie divines, mais je ne saurais pas quoi lui dire si je devais lui écrire. Je pense qu'il vaut peut-être mieux que je me taise : dans certains cas, le cœur peut dire ce que la bouche ne peut pas exprimer. Chaque prière compte et est prise en considération par le Divin.
Dis simplement merci de ma part à Amma pour tout ce qu'elle a fait et va certainement continuer de faire au nom de nous tous. L'amour qu'elle donne par ses étreintes et l'inspiration qu'elle représente pour des millions de personnes sont arrivés jusqu'à moi, ici, dans ma petite cellule du Texas où je ressens son étreinte et sa chaleur ainsi que la vérité qu'elle enseigne. »

Le pardon, source de paix profonde

Le couloir de la mort pousse à des extrêmes, surtout au niveau émotionnel. Certains condamnés, à force d'accumuler de la rancune, deviennent des monuments de hargne et d'animosité – une punition terrible qu'ils s'infligent à eux-mêmes tant il est vrai que vivre avec la rancune finit par nous ronger de l'intérieur. D'autres, beaucoup plus rares, font le choix – j'insiste sur ce mot – de pardonner, car le pardon inconditionnel est l'une des plus grandes et des plus sûres sources de sérénité.

Cette attitude ressort si bien dans une lettre que Roger écrivait où il dit :

« Je continue de prier pour les gardiens, demandant au Créateur quelle est la leçon cachée dans tout ceci... Mais quels que soient les traitements qu'ils nous infligent, je ne leur permettrai pas de me faire éprouver de la haine pour eux. »

Au fond, Roger a compris le sens de la fameuse prière du camp de Ravensbrück, en Allemagne, ce camp nazi où périrent 92 000 femmes et enfants durant la Seconde Guerre mondiale, que l'on a trouvée griffonnée sur du papier d'emballage à côté du corps d'un enfant mort : *« Seigneur, ne te souviens pas seulement des hommes et des femmes de bonne volonté, mais aussi de ceux qui ne le furent pas. Ne te souviens pas seulement des souffrances qu'ils nous ont fait subir, mais aussi des fruits que nous avons portés grâce à ces souffrances : notre amitié, notre loyauté, notre humilité. Souviens-toi du courage, de la générosité, de la grandeur d'âme qui ont jailli de tout cela. Et quand viendra pour eux l'heure du jugement, permets que tous ces fruits que nous avons portés leur soient comptés en pardon. »*

Roger est devenu ce qu'il est aujourd'hui en grande partie grâce aux sévices, aux privations et aux souffrances qu'il a subies. Plus le comportement des gardiens devenait insupportable, plus cela le forçait à grandir et à pardonner pour conserver paix et sérénité. Rappelons que c'est pour cette raison qu'il a pu écrire que le couloir de la mort est *« un endroit d'apprentissage supérieur »* !

Le pardon, cadeau et remède

Cependant, cet apprentissage ne fut pas facile et dans la lettre qui suit, il affirme que le pardon est facile, mais en même temps difficile. Cela peut paraître contradictoire pour un esprit cartésien, mais heureusement, la vie sur terre ne fut pas conçue et organisée par Descartes !

Car le pardon est « facile » quand on a vraiment compris que c'est un cadeau que l'on se fait à soi-même, mais il faut souvent un long et parfois douloureux apprentissage pour arriver à cette compréhension :

> « *Quelle que soit l'attitude de ces gens, ils ne peuvent pas me forcer à les haïr. Au contraire, je les bénis et je demande à Dieu de leur pardonner. Je leur fais comprendre que je ne suis pas fâché contre eux quand ils ont voulu m'offenser. Le pardon est si facile ! Mais cela m'a pris longtemps d'apprendre à pardonner au lieu de haïr. Le pardon est divin, la haine est destructrice… Tu le résumes de façon très belle quand tu écris que* "le pardon est le premier ingrédient de la paix, à quelque niveau que ce soit". *Pourquoi est-il si difficile de pardonner ? J'avais d'autant plus besoin du pardon dans ma situation que je faisais face à tant de haine ! Mais tout cela fut un long processus d'apprentissage.* » (25 janvier 2001)

Avant même que l'on découvre scientifiquement que les pensées et les émotions ont un impact instantané sur notre système immunitaire, Roger écrivait :

> « *Le pardon est en effet la meilleure médecine à toute maladie induite par la haine. C'est la source à laquelle tant de croyants ont puisé leur force.*

Et tu as tellement raison de dire : "Alors, après nous être fâchés, que faisons-nous ?" *À plusieurs reprises, j'ai dû m'arrêter après que quelqu'un m'ait mis en colère et j'ai dû me poser la question : "Jusqu'où vais-je me laisser emporter par la colère ?" Et c'est alors que je me suis mis à prier et à demander à Dieu de me donner la force de pardonner, jusqu'au jour où j'ai pu y arriver par moi-même sans avoir à y réfléchir, parce que je savais que c'était la seule chose à faire. Nous ne devons jamais permettre à la colère de grandir, mais plutôt la remettre à Dieu à l'instant même où elle surgit.* » (4 mars 2001)

Dans une autre missive, il va jusqu'à dire qu'aimer et pardonner est maintenant tout ce qu'il sait faire !

Roger est dans le couloir de la mort parce qu'il a endossé le crime commis par son frère. Dans le passage suivant, il raconte la scène où, lors d'une brève incarcération de ce dernier qui lui permit de le rencontrer, il pardonna à Charles par un geste symbolique et fort :

« *Est-ce que j'ai pardonné à mon frère ? Tu sais, je devais le protéger, je l'avais promis à maman ! Combien de fois il m'avait protégé, lui, lorsque nous étions à l'école ! Mais il me protégeait avec ses poings et ses pieds, par la violence. Il n'a pas eu le temps de comprendre que ce n'était pas la bonne méthode, que la violence entraînait la violence. Il n'a jamais su que j'avais été finalement condamné à mort à sa place, car il a recommencé peu de temps après mon arrestation et a été tué par la police en pleine rue. C'était deux mois avant mon procès.*
Quelque temps auparavant, je l'avais revu [en prison], mais comment échanger vraiment quand on est aussi surveillé ? À cette

époque, comme je n'étais pas encore condamné à mort, je pouvais aller à la cafétéria de la prison et lui travaillait à la cuisine. Il savait que je m'étais laissé accuser à sa place et il voulait savoir pourquoi. Je n'ai pas su lui répondre, mais je lui ai offert la croix que j'avais faite et que je portais autour du cou et des chaussettes que j'avais tricotées, du pain aussi. C'est tout ce que j'avais et c'était le signe de mon pardon. Je ne l'ai plus jamais revu puisqu'il est mort peu de temps après. »

Roger a développé seul sa méthode pour atteindre le pardon, méthode qu'il explique après sa description d'un *lockdown* qui illustre bien le contexte brutal qui lui sert de « terrain d'exercice » pour tester les armes qu'il se forge !

« Le nouveau surveillant a donné neuf jours aux gardiens pour mener à bien l'opération. Ce qu'ils ont pris aux détenus pendant cette période a dépassé ce que beaucoup de gars pouvaient supporter. Ils ont pris plus de 300 radios, cafetières et ventilateurs !!! Le surveillant leur a fait confisquer tout appareil sur lequel il y avait un morceau de scotch ou un morceau de fil de fer[29]*. Je suis un des quatre seuls détenus dont on n'a pas pris la radio ! Beaucoup de gars deviennent fous sans radio, car vivre 23 heures par jour sans radio, cafetière ou ventilateur constitue une vraie torture ! Les gens hurlent, crient, frappent sur leurs portes*[30] *et se maudissent mutuellement en criant aussi fort que possible, car ils n'ont rien pour occuper leur esprit et meubler leur temps.*
Une fois qu'ils eurent tout pris, le nouveau surveillant est passé devant les cellules, toisant les gens avec un petit sourire narquois. Quelque chose va craquer, mon amie ! Ils ne pourront pas continuer comme ça sans causer une émeute ! Quant à la nourriture,

on nous la donne au compte-gouttes ! Alors, nous tâchons de nous entraider et c'est seulement ainsi que nous survivons...
Chaque jour et parfois la nuit, je reste assis par terre, mes tampons dans les oreilles, en fixant un endroit précis du mur et je médite. C'est dans ces moments de silence que je peux enfin déposer le fardeau trop lourd pour moi qui, sans cela me tuerait. J'opère donc un lâcher prise : je me libère de toute cette noirceur. Alors, je peux pardonner et aller de l'avant. Et comme tu le sais, quand nous pardonnons, nous nous guérissons nous-mêmes et nous guérissons les autres. Et l'inverse est vrai aussi ! » (5 novembre 2003)

Cette dernière dimension est fondamentale. Dans la vision non dualiste de Roger, comme nous sommes tous un et que nous sommes tous l'amour en train de s'exprimer, toute pensée positive que j'ai a, quelque part, un impact quasi cosmique, comme le souligne l'un des tout grands éveillés de la planète, le docteur David R. Hawkins[31]. En apprenant à pardonner, j'aide mon voisin à faire de même.

Le simple art de bénir[32]

* *Au réveil, bénissez votre journée, car elle déborde déjà d'une abondance de biens que vos bénédictions font apparaître. Car bénir signifie reconnaître le bien infini qui fait partie intégrante de la trame même de l'univers. Il n'attend qu'un signe de nous pour se manifester.*

* *En croisant les gens dans la rue, dans le bus, sur votre lieu de travail, bénissez-les tous. La paix de votre bénédiction sera la compagne de leur chemin et l'aura de son discret parfum une lumière sur leur route. Bénissez ceux que vous rencontrez dans leur santé, leur travail, leur joie, leur relation au divin, à eux-mêmes et aux autres. Bénissez-les dans leur abondance et dans leurs finances. Bénissez-les de toutes les façons concevables, car de telles bénédictions ne sèment pas seulement les semences de la guérison, mais un jour jailliront comme autant de fleurs de joie dans les espaces arides de votre propre vie.*

* *En vous promenant, bénissez votre village ou votre cité, ceux qui le gouvernent et ses enseignants, ses infirmières, ses balayeurs, ses prêtres et ses prostituées. À l'instant même où quelqu'un exprime la moindre agressivité, colère ou manque de bonté*

à votre égard, répondez avec une bénédiction silencieuse. Bénissez-les totalement, sincèrement, joyeusement, car de telles bénédictions sont un bouclier qui les protège de l'ignorance de leurs méfaits et détourne la flèche qui vous est adressée.

- *Bénir signifie désirer et vouloir inconditionnellement, totalement et sans réserve aucune le bien illimité – pour les autres et les événements de la vie – en puisant aux sources les plus profondes et les plus intimes de votre être. Cela signifie révérer et considérer avec émerveillement total ce qui est toujours un don du créateur – et cela quelles que soient les apparences. Celui qui est porté par votre bénédiction est mis à part, consacré, entier.*

- *Bénir signifie invoquer la protection divine sur quelqu'un ou quelque chose, penser avec une reconnaissance profonde à lui/elle, l'évoquer avec gratitude. Cela signifie encore appeler le bonheur sur quelqu'un – encore que nous ne soyons jamais la source de la bénédiction, mais simplement le témoin joyeux de l'abondance de la vie.*

- *Bénir tout et tous, sans discrimination aucune, constitue la forme ultime du don, car ceux que vous bénissez ne sauront jamais d'où vient ce rayon de soleil qui, soudain, perça les nuages de leur ciel, et vous serez rarement témoins de cette lumière dans leur vie.*

* *Quand, dans votre journée, quelque événement inattendu vous bouleverse, vous autant que vos plans, éclatez en bénédictions, car la vie est en train de vous apprendre une leçon, même si sa coupe peut vous sembler amère. Car cet événement que vous pensez être si indésirable, vous l'avez en fait suscité afin d'apprendre la leçon qui vous échapperait si vous hésitiez à bénir. Les épreuves sont des bénédictions cachées et des cohortes d'anges suivent leurs traces.*

* *Bénir signifie reconnaître une beauté omniprésente cachée aux yeux matériels. C'est activer la loi universelle de l'attraction qui, du fond de l'univers, amènera dans votre vie exactement ce dont vous avez besoin dans le moment présent pour grandir, progresser et remplir la coupe de votre joie.*

* *Quand vous passez devant une prison, bénissez ses habitants dans leur innocence et leur liberté, leur bonté, la pureté de leur essence et leur pardon inconditionnel. Car on ne peut qu'être prisonnier de l'image qu'on a de soi-même, et un homme libre peut marcher sans chaînes dans la cour d'une prison, tout comme les citoyens d'un pays libre peuvent être prisonniers quand la peur se tapit dans leur pensée.*

* *Quand vous passez devant un hôpital, bénissez ses patients dans la plénitude de leur santé, car même dans leur souffrance et leur maladie, cette plénitude*

attend simplement d'être découverte. Et quand vous voyez une personne en pleurs ou apparemment brisée par la vie, bénissez-la dans sa vitalité et sa joie : car les sens ne présentent que l'inverse de la splendeur et de la perfection ultimes que seul l'œil intérieur peut percevoir.

☀ *Il est impossible de bénir et de juger en même temps. Alors maintenez en vous ce désir de bénir comme une perpétuelle prière silencieuse, car ainsi, vous serez de ceux qui procurent la paix et, un jour, vous découvrirez partout la face même de Dieu.*

Pierre Pradervand

P.S. Et par-dessus tout, n'oubliez pas de bénir cette personne merveilleuse, totalement belle dans sa vraie nature et si digne d'amour que vous êtes.

Sur simple demande par email ou par courrier (voir adresses Jouvence page 4), nous vous envoyons un poster au format A3 qui reprend *Le simple art de bénir.*

« Il est difficile de faire l'expérience des couleurs et des odeurs du printemps quand on est en cage 23 heures par jour. Ce qui me réjouit, c'est le ciel bleu et le soleil qui, parfois, se faufilent à travers la vitre contre le plafond de la cellule. On ne peut pas se leurrer et notre condition est ce qu'elle est, mais je trouve ma joie dans les choses simples qui m'entourent. La joie que je ressens est quotidienne. »

Bénir, une pratique continue

Pour Roger, qui s'est beaucoup inspiré du texte ci-contre qu'il a totalement intégré à sa vie spirituelle et dont il est devenu l'un des piliers, bénir constitue quelque chose d'aussi naturel que respirer. C'est un outil qu'il utilise pour pardonner, affronter l'insoutenable, les mille vexations quotidiennes de la vie en prison, ceux qui l'agressent sans raison, pour tendre la joue. Ainsi, dans une des lettres qu'il m'adresse, il me parle d'une période particulièrement difficile qu'il vient de traverser et comment l'art de bénir l'a tiré de ce mauvais pas :

« J'ai déprimé et je me suis senti mal parce que je venais de traverser une période très dure avec les gens d'ici. Ils ont mis ma cellule sens dessus dessous. Ils nous ont fait subir toutes sortes de vexations pour nous punir des actions pour lesquelles nous devions, selon eux, rendre des comptes… J'en ressentais profondément les effets et je me sentais au fond du trou. Je demandais à Dieu la force de tenir bon, car j'étais prêt à exploser. Je priais, mais pour une raison ou une autre, je ne trouvais pas le réconfort dans mes prières.

Le matin, je me levais avec une sensation de vide intérieur. Puis tu m'as envoyé le texte sur l'art de bénir. Pour être honnête, ma première réaction fut : "Encore des trucs à lire !" *J'ai tellement à lire, tellement de littérature spirituelle que je suis fatigué d'en recevoir ! Alors j'ai lu ta lettre sans les textes qui l'accompagnaient. Finalement, un soir, j'ai lu les premiers chapitres de ton livre sur l'art de bénir et je peux te dire que cela a changé ma façon de penser.*
Après l'avoir lu, j'ai juste demandé à Dieu de bénir tous ces gens [les gardiens], de les bénir eux et leurs familles, de les bénir dans leurs finances[33]*, dans leur vie spirituelle, dans chaque aspect de leur vie. Et très doucement, très lentement, mon fardeau a commencé à s'alléger. Cela ne s'est pas produit d'un coup, mais progressivement. Et maintenant, chaque matin, quand je me réveille, la première chose que je fais, c'est de bénir ces gens. Je le fais au milieu de la journée et encore le soir avant de me coucher.* »
(19 octobre 2000)

L'année suivante, il revient sur le même sujet. Il raconte que les responsables de la prison cherchaient à avoir la preuve qu'il appartenait à un gang (il y a toutes sortes de gangs parmi les prisonniers de droit commun dans la section de la prison qui leur est réservée), ce qui est totalement ridicule vu que les condamnés à mort n'ont aucun contact direct les uns avec les autres. Tout au plus peuvent-ils se crier des messages, que tous les gardiens entendent, par les petites ouvertures des portes de leurs cellules.

> « *J'ai passé 14 ans à Ellis One Unit [la première prison de Roger] et il n'y a aucune mention dans mon dossier de la moindre activité de gang. Tout simplement parce je n'appartiens à aucun gang, à moins que ce ne soit celui du Christ.*
> *Depuis mon arrivée ici, ils ont décidé que j'appartenais à un gang, transformant par là même ma vie en un cauchemar ! C'est ainsi qu'ils ont détruit une grande partie de mes affaires personnelles et ils mettent ma cellule sens dessus dessous deux fois par jour ! Ils l'ont fait le 23 décembre, jour de mon anniversaire, et ils sont revenus la nuit suivante ! Le 31 décembre, ils ont fait un travail de saccage vraiment minutieux. Depuis le 2 janvier, nous sommes de nouveau en* lockdown. *Entre cette date et le 14 février, ils ont détruit – je devrais plutôt dire jeté en l'air – le peu qui me restait, au moins six ou sept fois !!!*
> *Ils nous ont fait faire notre exercice dehors par des températures de moins 5-6 degrés centigrades, parfois sous la pluie. J'étais furieux, vraiment furieux d'être traité de cette façon ! J'étais si fâché que j'ai cessé de parler à qui que ce soit. Je ne répondais même pas aux gardiens ! Je sortais de ma cellule en attendant qu'ils fassent leur "nettoyage", puis je rentrais dans la cellule et m'asseyais au milieu du fouillis…*

C'est alors que j'ai reçu [un nouveau chapitre de ton livre] Vivre sa spiritualité au quotidien. *J'ai commencé à lire et à nouveau, comme lors de ton premier envoi, j'ai commencé à me sentir mieux. J'ai fermé les yeux et j'ai dit à Dieu que je ne savais pas quelle leçon je devais apprendre, mais que je savais qu'Il ne permettrait pas que je subisse pareil traitement sans raison. J'ai alors commencé à bénir les gardiens, surtout ceux qui venaient de saccager mes affaires. J'ai réalisé ensuite que Dieu me montrait comment trouver le calme au milieu de la tempête et que l'amour est tellement plus facile ! Comme l'avocat polonais qui décida de ne pas haïr les Nazis après le massacre sous ses yeux de sa famille, ils ne peuvent m'obliger à m'abandonner à la haine.*
Je continuerai donc cette pratique, quoi qu'ils fassent de mes affaires, car ils ne peuvent détruire ni l'amour que je leur porte comme enfants de Dieu, ni les bénédictions que je leur adresse. S'il le faut, je leur pardonnerai mille fois pour le mal qu'ils me font. Je ne serai pas une victime ! Nos bénédictions pour les autres sont des bénédictions pour nous-mêmes. Dieu n'oublie jamais !
Je dois dire que vivre dans un endroit comme cette prison constitue un drôle de test pour mon amour et mon engagement à continuer de bénir, mais tout ce que nous vivons a pour but de nous apprendre quelque chose. J'aime cette pratique et elle me fait du bien. Ma situation s'est améliorée pendant le mois écoulé et je reconnais que c'est parce que je bénis tout un chacun, nuit et jour, quelle que soit la personne ou quoi qu'elle ait pu commettre à mon égard… Oui, les choses vont mieux, non pas parce que les gardiens ont changé d'attitude, mais parce que ma façon de voir les choses a changé. J'essaie de voir la perfection de tous les enfants de Dieu et de reconnaître leur bonté, même ceux qui me haïssent, parce que Dieu nous a tous créés parfaits. Je ne me vois plus

comme une victime des provocations de ces gens. Je me considère comme un être divin, capable de tout accepter et d'aimer chacun, car je suis une création de l'amour. Au lieu de maudire les gens quand ils me font du tort, je cherche maintenant la leçon en toute chose. » (14 janvier 2004)

Dans une lettre à une enseignante qui a beaucoup parlé de lui en classe, il explique comment il utilise cette pratique lorsqu'il fait face à des provocations extrêmes.

> « *J'ai réalisé que je ne pouvais pas haïr car je n'avais pas de haine en moi. Non, la haine n'est pas en moi. Je ne peux donner que ce qui est en moi ! Quand un gardien arrive, les yeux pleins de haine, qu'il casse tout dans ma cellule, même et surtout ce à quoi je tenais le plus, je le bénis intérieurement de toutes mes forces, je prie pour lui et j'arrive à lui sourire, à ne pas lui en vouloir, à l'aimer. Un jour, l'un d'eux est venu s'excuser. De l'aimer quand même, cela l'avait bouleversé et peut-être rendu meilleur... Aimer son ennemi, celui qui nous fait du mal, aimer quand on est innocent du mal qu'on nous reproche et qu'on ne mérite pas les sévices qu'on nous inflige, ça paraît tellement difficile ! Mais il faut essayer ! Jésus était l'innocence totale et n'a pas reculé devant la Passion qui devait nous sauver tous. Il faut essayer de l'imiter. Il a souffert, lui, l'innocent, par amour pour nous... Si je hais la personne qui me hait, je ne suis pas si différent d'elle ! Et puis, haïr, c'est perdre du temps ! Il vaut mieux bénir.* » (sans date, entre 2006-2010)

« J'ai une paix intérieure et un amour que même la mort ne peut détruire. »

La bénédiction, vecteur de paix et de gratitude

Mais pour Roger, cette pratique est aussi un moyen de répandre la paix et l'amour dans le monde entier :

« Ces derniers temps, j'ai prié pour le président Bush et je l'ai béni. Nous ne pouvons vaincre la haine que par l'amour. Ben Laden, Saddam Hussein et George Bush sont des êtres humains, des créatures de Dieu et, à ce titre, ils méritent d'être aimés comme nous tous. » (23 novembre 2003)

La bénédiction est aussi une expression de sa gratitude. Une des choses les plus stupéfiantes chez cet homme est son utilisation de l'expression *« je suis tellement béni… »* quand on songe aux conditions dans lesquelles il vit (d'autres diraient « survit ») :

« Cet endroit est vraiment le pire que j'aie connu sur cette planète ! Mais je me sens encore béni, mon ami. Je suis béni d'être en bonne santé, mentalement et physiquement. J'ai un toit sur ma tête et un endroit propre où dormir. Je m'efforce toujours de me rappeler que, où que je sois, quelles que soient les conditions auxquelles je fais face sur le moment, il existe tant de personnes qui sont libres, mais qui n'ont pas ce que j'ai ! Je suis béni de pouvoir être conscient des bienfaits qui sont encore les miens et je refuse de me plaindre pour les choses qui me manquent ! » (18 mars 2000)

En 2005, il termine une relecture du livre *Vivre sa spiritualité au quotidien* et fait le commentaire suivant :

« *C'est un livre merveilleux car il montre comment la haine peut consumer et détruire nos vies et nous laisser amers et repliés sur nous-mêmes; comment l'amour, le pardon et le fait de bénir peuvent nous ramener de la mort, nous sauver de la folie et nous rétablir dans cette glorieuse union avec Dieu, dans cette Totalité qui inclut tout. Il montre comment le fait de bénir les autres ne nous guérit pas seulement nous, mais aussi les autres, comment cela transforme nos sombres pensées en rayons d'amour pénétrants qui irradient à travers chaque fibre de notre être. C'est un extraordinaire témoignage!* » (6 mars 2005)

Il convient de mentionner brièvement trois outils importants qui jouent, chacun à sa façon, un rôle dans le cheminement spirituel très personnel de Roger dans cet enfer et ce désert du couloir de la mort.

L'écoute

« *Nous ne devons pas seulement écouter la voix de Dieu avec nos oreilles ou notre cœur, mais écouter comment Il nous parle à travers les autres et leurs actions. Nous devons apprendre à écouter la voix de Dieu en toute chose et croire que lorsque nous L'écoutons, Lui aussi nous écoute. Dieu nous parle quand Il envoie de l'eau à ceux qui sont assoiffés ou qu'Il nourrit les affamés. Il nous parle quand Il nous envoie de l'aide alors que tout espoir semble perdu. Il nous parle à travers le geste d'un inconnu qui nous réconforte.*

Mon Dieu ! Quel Dieu nous adorons ! Oui, la voix de Dieu est perceptible tout autour de nous, pour peu que nous prenions la peine d'écouter. » (3 juin 2009)

L'humour

Très vif chez Roger, il est plus qu'un trait surprenant. C'est un élément essentiel de sa survie dans la sombre vallée qu'est le couloir de la mort. Parfois, les situations sont tellement absurdes que l'on ne peut qu'exploser de colère, ce qui génère un stress supplémentaire, ou… rire ! Roger a choisi la deuxième méthode, ponctuant sans cesse ses lettres du terme « smile ». Il aime parler du sens de l'humour de Dieu.

« *Si tu veux faire rire Dieu, parle-lui de tes projets ! Smile.* »

La capacité d'émerveillement

Elle surprend constamment ses correspondants. S'il y a un endroit au monde où il semble n'y avoir absolument pas de quoi s'émerveiller, c'est bien Death Row, Livingston, Texas. Une fois de plus, Roger nous montre que tout est dans notre regard : la grâce d'un oiseau qu'il voit virevolter quelques secondes devant sa meurtrière, l'entraide entre détenus, un insecte qui traverse sa cellule…

Loin d'avoir entamé la fraîcheur de son regard d'enfant, son séjour en prison semble l'avoir encore développé et affiné. Et c'est bien là aussi un élément de survie, au même titre que l'humour, puisque chacun crée son propre regard sur la vie.

« C'est dommage que nous ne voyions pas le monde avec les yeux d'un enfant, car ils voient la dimension unique de la plus petite parcelle de la création. Pour un enfant, tout est nouveau !»

L'observation d'une journée de repos

Autant que faire se peut, Roger se réserve une journée de repos hebdomadaire. N'oublions pas que Roger ne chôme pas, vu le nombre élevé de ses correspondants, sans parler de son rôle d'ami de tous dans la prison. Il arrive même que certains gardiens lui parlent de leurs soucis, et si l'on songe à la vie qu'il mène, dire : *« C'est facile pour lui, il n'a rien à faire! »* serait simplement déplacé.

Dans la même lettre que celle déjà mentionnée où il parle du silence, il fait ce commentaire :

« Merci de m'avoir répondu dimanche, jour de la Fête des Mères. Je suis sûr que Dieu comprendra que tu m'écrives ce jour-là, d'autant plus qu'écrire ne devrait jamais être une obligation, mais une œuvre d'amour et de joie. Je suis à cent pour cent d'accord avec toi que nous devrions tous prendre congé le jour du sabbat et nous reposer.

Plus que jamais, il faudrait adhérer à ce commandement [du repos dominical] parce que les jours de la semaine sont remplis de tant de stress et de conflits que chacun a besoin d'un jour hebdomadaire au moins pour se détendre et remettre ses soucis à Dieu. Si Dieu peut se détendre un jour par semaine, pourquoi pas l'homme? Mais il faut reconnaître que la plupart des gens ne permettent pas à la Bible de jouer son vrai rôle et qu'ils l'ont reléguée à une place secondaire. Et il y a plus : certaines entreprises ont même trouvé là une façon d'augmenter leurs profits en gardant leurs magasins ouverts sept jours sur sept. On peut même aujourd'hui acheter de l'alcool le dimanche, ce qui n'était pas le cas quand j'étais jeune. Les seuls magasins ouverts étaient les petits magasins de quartier tenus par des familles.

Le sabbat devrait être considéré comme une journée sainte, une journée permettant aux familles de passer du temps ensemble pour réfléchir aux nombreuses bénédictions que Dieu leur a accordées. Ce devrait surtout être une journée à part pour louer Son nom et le remercier pour Ses créations. Alors, toi et moi, rappelons-nous d'honorer ce commandement particulier! Moi, je ne fais rien ce jour-là, en tout cas rien qui pourrait être considéré comme du travail. »

Aide-toi et le ciel t'aidera!

« Je suis sûr que Dieu est la raison pour laquelle j'ai survécu si longtemps. Il est toujours présent dans ma vie. Je me repose sur Lui pour qu'Il me donne la force dont j'ai besoin pour éviter les écueils que l'on rencontre dans un endroit tel que celui-ci. Je me suis même fâché avec Lui par moments. Je me suis mis à genoux et Lui ai ouvert mon cœur en déballant à propos des autres de nombreuses choses dont je savais qu'Il pouvait les encaisser…

N'aie jamais peur de parler à Dieu, de Lui dire ce que tu as sur le cœur. De toute façon Il le sait, mais ce n'est qu'en le Lui disant que tu peux recevoir la force de continuer. Tu sais et tu comprends qu'Il ne va pas t'en vouloir. Il nous a dit de nous décharger sur Lui de tous nos problèmes et c'est ce que je fais. Je sens d'ailleurs que c'est la seule raison pour laquelle je ne suis pas devenu fou!

Mais comprends bien! Je dépends de Dieu pour qu'Il me donne la force de compter sur moi-même. Il ne va jamais tout faire et nous devons faire certaines choses par nous-mêmes, avec Sa bénédiction. » (9 avril 2006)

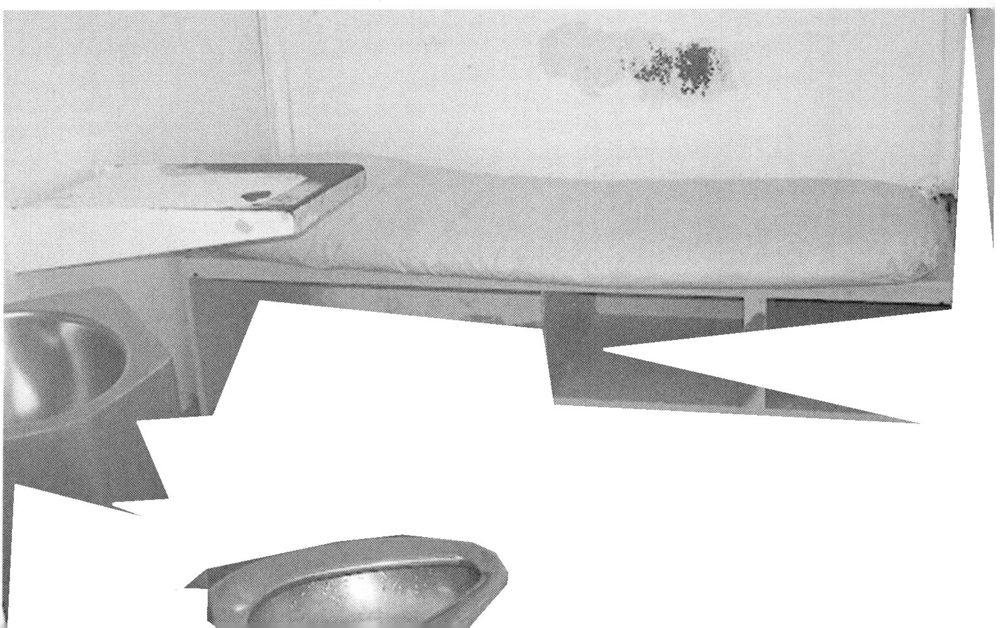

L'exécution d'un ami très cher

« Merci pour la bougie [que tu as allumée] pour Derrick. S'il te plaît, remercie chacun pour ses prières et sa veille. Son exécution m'a touché plus que n'importe quelle autre. Je pense, parce que je le savais dans mon cœur, qu'il n'était pas prêt à mourir... Ses avocats lui avaient dit que l'exécution serait provisoirement suspendue [à cause d'un appel interjeté au dernier moment].

Nous l'appelions Little Jack *parce qu'il était tellement petit ! De loin, on aurait dit un petit garçon ! Pendant toute la journée, je n'ai pas dit grand-chose aux autres. C'est ce que je fais en général les jours où a lieu une exécution, mais cette fois, c'était plus personnel, car il était pour moi comme un jeune frère. J'écoutais les gars qui jouaient aux dominos*[34] *et aux échecs et parlaient de sport, et j'ai pris conscience que beaucoup d'entre eux s'en fichaient. Pour eux, les exécutions sont devenues un événement tellement banal qu'elles n'ont plus d'écho même auprès de ceux qui vont être mis à mort (ou tout simplement ils ne ressentent plus aucune compassion).*

Je suis revenu à ma cellule après la récréation et je lavais mes habits en écoutant les nouvelles lorsque j'ai entendu qu'il avait été exécuté. J'ai alors crié à tous les autres qu'on l'avait eu, mais il y a eu à peine une pause dans le tintamarre. J'ai alors éteint la lumière et prié pour l'âme de mon ami, pour sa famille et pour que la famille de la victime trouve la paix. J'ai pensé à tous les rires que nous avions partagés, aux disputes que nous avions eues, au pain partagé et soudain, cela m'a assommé comme si j'avais reçu sur la tête une tonne de briques. Je me suis dit alors : « Je dois sortir d'ici ! Je ne peux plus supporter d'avoir encore un ami qui quitte le monde comme cela ! » et les deux jours suivants, j'ai pleuré la mort de mon ami.

Finalement, quelqu'un m'a demandé ce qui n'allait pas et je lui ai répondu : « Cela fait longtemps que je te connais. Nous avons mangé ensemble, nous avons ri ensemble, nous avons combattu le système ensemble et ta vie est importante pour moi. Si jamais tu devais (Dieu t'en préserve !) te retrouver un jour sanglé sur cette table de la salle d'exécution, je ne prendrais pas ta mort à la légère ! Je te pleurerais, parce que tu étais mon ami et que tu me manquerais. Ta présence me manquerait. Alors, ce qui ne va pas, c'est la mort d'un ami. Si le jour devait arriver où je serais devenu insensible et indifférent à la mort d'un ami, ce jour-là, je laisserais tomber tous mes appels, car ce jour-là, Roger McGowen aurait cessé d'exister. Mon cœur continuera toujours de compatir et de pleurer mes amis. » Beaucoup de détenus m'ont entendu, mais cela n'a pas eu d'écho chez eux et j'ai pensé que cela ne les touchait pas. Je ne les condamne pas. Cet endroit peut détruire l'âme d'un homme s'il le permet.

Quelques jours après l'exécution de Little Jack, j'ai reçu une lettre d'une de ses amies aux Pays-Bas. Elle m'a envoyé un message de Little Jack qui m'a brisé le cœur. Recoller les morceaux prendra du temps. » (Été 2010)

6

Les fruits

*« La vie n'arrête jamais
de nous dispenser ses leçons.
Tant qu'il y a la vie, il y a des leçons
à apprendre, une expérience sur
laquelle s'appuyer, de l'amour
à partager. »*

« Notre esprit est le plus grand obstacle à la liberté. Nous l'utilisons pour construire des murs autour de nous. Puis nous nous disons que nous ne pouvons les franchir et nous nous emprisonnons avec nos propres croyances pour ne pas être libres. Si tu t'enchaînes à quoi que ce soit, que ce soit l'amour ! »

Liberté, bonheur et responsabilité

C'est une expérience extraordinaire – qui rend en même temps très humble – de se trouver en face d'un homme qui arrive menotté dans le minuscule cagibi d'où il vous parlera à travers une épaisse vitre blindée, avant de retourner dans sa cellule de deux mètres sur trois, et de sentir que vous avez en face de vous un homme bien plus libre que vous ! Cela m'est arrivé lors de mes dernières visites avec Roger.

Cette liberté est celle d'un homme qui, pendant plus de la moitié de sa vie, a appris à tendre la joue, à remplacer la haine par l'amour, la colère et la malédiction par la bénédiction, la rancune par le pardon, à partager le peu de ses biens avec ceux qui ont encore moins, à surmonter les attaques répétées de la dépression et du doute, un homme qui a constamment affirmé sa liberté de choix et qui s'est entraîné – car c'est bien d'un entraînement qu'il s'agit – à voir le divin dans son prochain, aussi laides et grotesques que soient les apparences, et à se savoir fils d'un Dieu qui, pour lui, est si vivant et si présent en toutes choses.

À l'une de ses correspondantes françaises qui lui parle de Jacques Lebreton[35], Roger répond :

« Merci d'avoir présenté non seulement mon histoire, mais aussi celle de Jacques Lebreton, à ceux qui n'avaient jamais entendu parler de nous. Oui, nous étions une fois tous les deux prisonniers, jusqu'à ce que nous ayons appris à nous élever au-dessus des entraves physiques et à nous échapper dans le cœur de l'amour. Nous sommes devenus des êtres nouveaux avec une nouvelle chanson à chanter et un nouveau message à répandre, à savoir que rien n'est impossible quand nous plaçons notre confiance en Dieu et donnons notre amour à l'humanité. » (28 avril 2009)

« Aussi longtemps que Dieu sera ma vie, je ne serai pas enchaîné. »

Cette conscience non dualiste d'être un avec son Créateur est l'un des fondements de cette étonnante liberté intérieure chez Roger. Celle-ci produit chez lui un tel sentiment de bien-être et de bonheur qu'il pouvait me témoigner avec un immense sourire lors de notre visite de novembre 2010 :

« La seule chose que j'aie à faire, c'est d'être heureux. »

Cette conscience de l'unité de toutes choses, source de liberté, lui fait écrire :

« La liberté que je ressens en moi ne peut jamais être entravée parce que celle dont je me réclame est la liberté d'être un avec toutes choses. Aussi longtemps qu'un oiseau volera, que des poissons nageront dans les profondeurs de l'océan, aussi longtemps que les nuages traverseront le ciel et que l'herbe verdoiera à l'infini, je serai libre. » (22 juin 2003)

Liberté et bonheur sont en effet des thèmes qui reviennent sans cesse sous sa plume. Mais la vraie liberté est un état intérieur ressenti que les mots peinent à traduire et dont il donne ici la clé.

« Tu me demandes comment je fais pour me sentir si libre. Certaines choses, quand on veut les traduire en mots, perdent de leur magie. Toute notre vie, on peut admirer la beauté d'un coucher de soleil, mais malgré tous nos efforts, on ne réussira jamais à décrire ce type de beauté. Je me sens libre parce que je refuse d'entrer dans le jeu d'un autre.
Je vis ma vie de la seule façon que je connaisse aujourd'hui et c'est un instant après l'autre. Quand je prends conscience que je traîne les pieds et que je m'apitoie sur moi-même, je me secoue et me réveille. Je suis libre simplement parce que je refuse de ne pas l'être. » (11 mars 2007)

Voilà le secret : refuser de se soumettre à la façon de voir d'un autre ou, comme il le dit, d'entrer dans son jeu, que ce soit un gardien dans un violent accès de colère, un codétenu qui le raille, les nouvelles radiophoniques qui distillent la peur, l'inquiétude pour demain, etc.

Faisant référence à la coupe à moitié pleine ou à moitié vide, situation où nous avons tous la liberté de choisir, il explique :

« J'ai dû commencer par apprécier les choses que je pouvais faire, comme prier ou être capable d'aimer sans demander la permission ou rire ou partager le peu que j'avais avec ceux qui n'avaient rien... Je crois que, lorsque nous cessons de vouloir être libres, c'est alors que nous sommes vraiment prisonniers. Aussi longtemps que j'ai la liberté de résister à mon emprisonnement, je suis vraiment libre. S'il te plaît, ne sois donc pas triste pour moi ! Ma situation est ce qu'elle est et je ne cesserai jamais de lutter pour être libre. Mais mon emprisonnement m'a donné une vision de la vie et de ce qu'elle offre que je n'aurais peut-être jamais obtenu autrement. Tout est donc comme cela doit être en cet instant. »

Il est intéressant que Roger décrit sa conception du bonheur plus comme un état d'*être* qu'un état d'esprit. Il partage cette vision avec une récente correspondante suisse qui disait avoir eu sa vie complètement transformée par la lecture de son premier livre.

« Il y a longtemps que j'ai appris que le bonheur n'est pas un état d'esprit, mais un état d'être. Tu es arrivée à la même conclusion, c'est pour cela que tu te réveilles chaque matin, prête à attaquer la journée le sourire aux lèvres. Il s'agit d'exiger ton droit au bonheur. »

Dans une de ses récentes lettres, il me fit cette confidence :

« Peut-être que mon destin est de mourir exécuté, bien qu'innocent, pour prouver qu'il est possible de vivre (ou de mourir) heureux, même quand on a subi une immense injustice ! »

Par l'intermédiaire d'une correspondante française, Roger est devenu parrain[36] d'une fillette indienne très pauvre, à propos de laquelle il écrit :

« *Elle est un merveilleux petit ange et son sourire est si authentique qu'on se demande où réside le vrai bonheur. Parfois, il me semble que la pauvreté est seulement dans l'esprit et que le vrai bonheur est dans l'âme. J'ai vu plus de sourires authentiques sur les visages des pauvres que sur ceux des riches.* » (8 octobre 2007)

Ce parrainage souligne l'ouverture au monde de Roger qui est stupéfiante pour un homme enfermé dans le microcosme pénitentiaire depuis 25 ans. Il s'intéresse au problème des OGM, se passionne pour l'état de l'environnement, pour les sans-logis, la situation en Irak, le chômage, les excès de la société de consommation, l'impact des multinationales sur le Tiers-monde, le problème de la violence...

Rien de ce qui est humain ne le laisse indifférent. Il martèle constamment l'idée de notre responsabilité en tant que citoyens de la planète.

« *Parfois, après une longue sécheresse, le sol est trop dur pour absorber l'eau et cela provoque des inondations. Il y a des feux de forêt incontrôlables qui brûlent en Europe et aux États-Unis, et d'après ce que disent les scientifiques, cela va aller en empirant. Je ne crois pas que les gens aient envie de reconnaître les signes avant-coureurs des dangers qui nous menacent parce qu'ils devraient alors cesser de se cacher derrière les politiciens qu'ils ont élus et faire le travail eux-mêmes. Il vient un moment où la nature doit se défendre, car combien de temps le Créateur pourrait-il simplement rester en un observateur pendant que Sa création est détruite ? Tous les signaux avertisseurs sont là, pour ceux qui savent les lire !* » (27 octobre 2003)

« J'essaie de vivre ma vie dans la lumière dont je parle. »

Service et don de soi

Sa philosophie de base est le service, thème qui revient sans cesse dans ses lettres, même s'il n'utilise pas toujours le mot « servir ».

En janvier 2008, j'ai eu le grand privilège de parler de Roger à une réunion de l'association ART'AS. Roger avait préparé, à ma demande, un texte que j'ai lu et dans lequel il disait notamment :

« *En chacun de nous est une lumière que nous devons faire briller pour que tous la voient et s'en inspirent. Nous ne pouvons pas attendre que les autres changent le monde. Nous devons le faire nous-mêmes et nous devons le faire maintenant ! En chacun de nous réside un leader, un prêtre, un enseignant, un thérapeute, un père et une mère. Nous avons reçu tout ce dont nous pouvons jamais avoir besoin pour changer le monde !* » (Décembre 2007)

Il arrive que des lettres circulent à l'intérieur de la prison et soient des appels au secours :

« *Parfois, je suis si triste que je me demande combien de temps je pourrai encore tenir. Mais c'est alors que quelqu'un m'envoie un "cerf-volant", un petit mot glissé sous la porte*[37] *me disant que son auteur a faim ou me demandant si je peux l'aider à écrire une lettre, ou simplement s'il peut me parler parce qu'il se sent seul. Alors, je comprends que je n'ai pas d'autre option que d'essuyer mes larmes et de continuer à sourire, car ma force ne réside pas en moi, mais dans ma capacité et mon désir d'aider les autres. »* (2 novembre 2003)

Enfin, Roger « marche sa parole », pour traduire littéralement un proverbe amérindien très connu, *Walk your talk,* qu'on pourrait mieux rendre ainsi : *« Mets en pratique ce que tu prêches »* ou *« Fais ce que tu dis ».* Ainsi, lorsque je lui ai parlé d'une petite association de microcrédit, l'Afia-fev (www.afia-fev.org) au Kivu, République Démocratique du Congo, qui fait un travail magnifique auprès des femmes violentées de l'une des régions du globe où, avec la Somalie, l'anarchie est la plus totale, il a immédiatement réagi en proposant de donner la moitié de son modeste « pécule »[38] !

« Je suis entouré de personnes qui vivent avec la mort et la menace de la mort suspendue au-dessus de leurs têtes. Or, elles n'ont pas encore commencé à réaliser la chance unique qui leur a été donnée de voir et de comprendre combien la vie est fragile et, en même temps, combien elle peut être belle et précieuse. »

Servir pour répondre à la souffrance

Le service des autres est devenu sa réponse à la rage et à la souffrance qui l'animaient au début. Il est l'expression naturelle et inévitable de l'amour.

> *« Au début, je ne ressentais que de la rage, non pas contre les autres, mais contre moi-même qui me trouvais dans la situation où je me trouvais. Mais un jour, je me suis mis à genoux et j'ai demandé à Dieu d'éloigner de moi cette rage, cette colère. Puis je me suis relevé et j'ai senti que ça allait mieux. Je me suis mis alors à bénir et à aimer. Oh ! Au début, ce n'est pas facile ! Mais petit à petit, avec la volonté, la prière et le service, on y arrive et la paix revient.* Il faut servir. *Le don de soi est quelque chose qui devrait être naturel en tout être humain, car on ne devrait voir que ce qui est bon dans l'autre.*[39] »

Et d'ajouter, au sujet de Jacques Lebreton, avec lequel il s'est senti une si profonde affinité :

« Oui, Jacques Lebreton était un homme très sage qui a compris que pour servir, il suffit d'être prêt à le faire. Le bonheur n'a pas d'yeux ni de mains. L'amour ne possède pas d'yeux ni d'oreilles. Le service est tout ce qui découle du cœur de façon désintéressée. » (28 avril 2009)

Le service est avant tout une réponse à la souffrance des êtres, comme il le souligne dans une correspondance avec des élèves d'un lycée français :

« Pourquoi toute cette souffrance ? Je ne sais pas. À la grande question du "pourquoi", *il n'y a pas toujours de réponse satisfaisante. Il vaut mieux se poser la question du* "comment". *Comment survivre à l'horreur de ses conditions de vie ? Devant tant de souffrances, il faut se mettre autant qu'on le peut au service des autres. Finalement, mes souffrances ne sont pas plus importantes que celles de n'importe qui. »* (sans date, entre 2008 et 2010)

« Ici, les jours se ressemblent presque tous.
Il n'y a pas de quoi être particulièrement inspiré.
Se contenter simplement d'être est suffisant. »

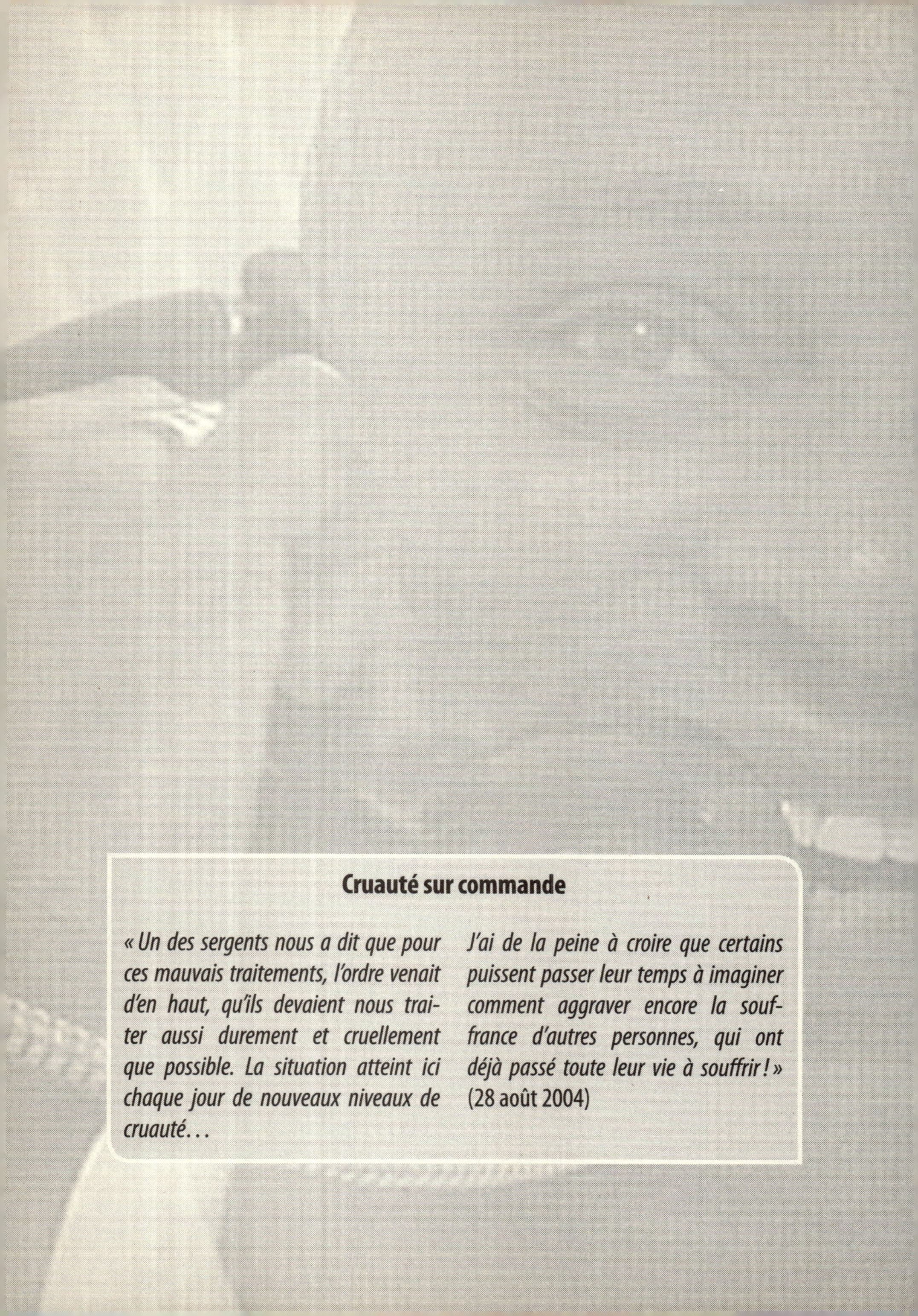

Cruauté sur commande

« Un des sergents nous a dit que pour ces mauvais traitements, l'ordre venait d'en haut, qu'ils devaient nous traiter aussi durement et cruellement que possible. La situation atteint ici chaque jour de nouveaux niveaux de cruauté…

J'ai de la peine à croire que certains puissent passer leur temps à imaginer comment aggraver encore la souffrance d'autres personnes, qui ont déjà passé toute leur vie à souffrir ! » (28 août 2004)

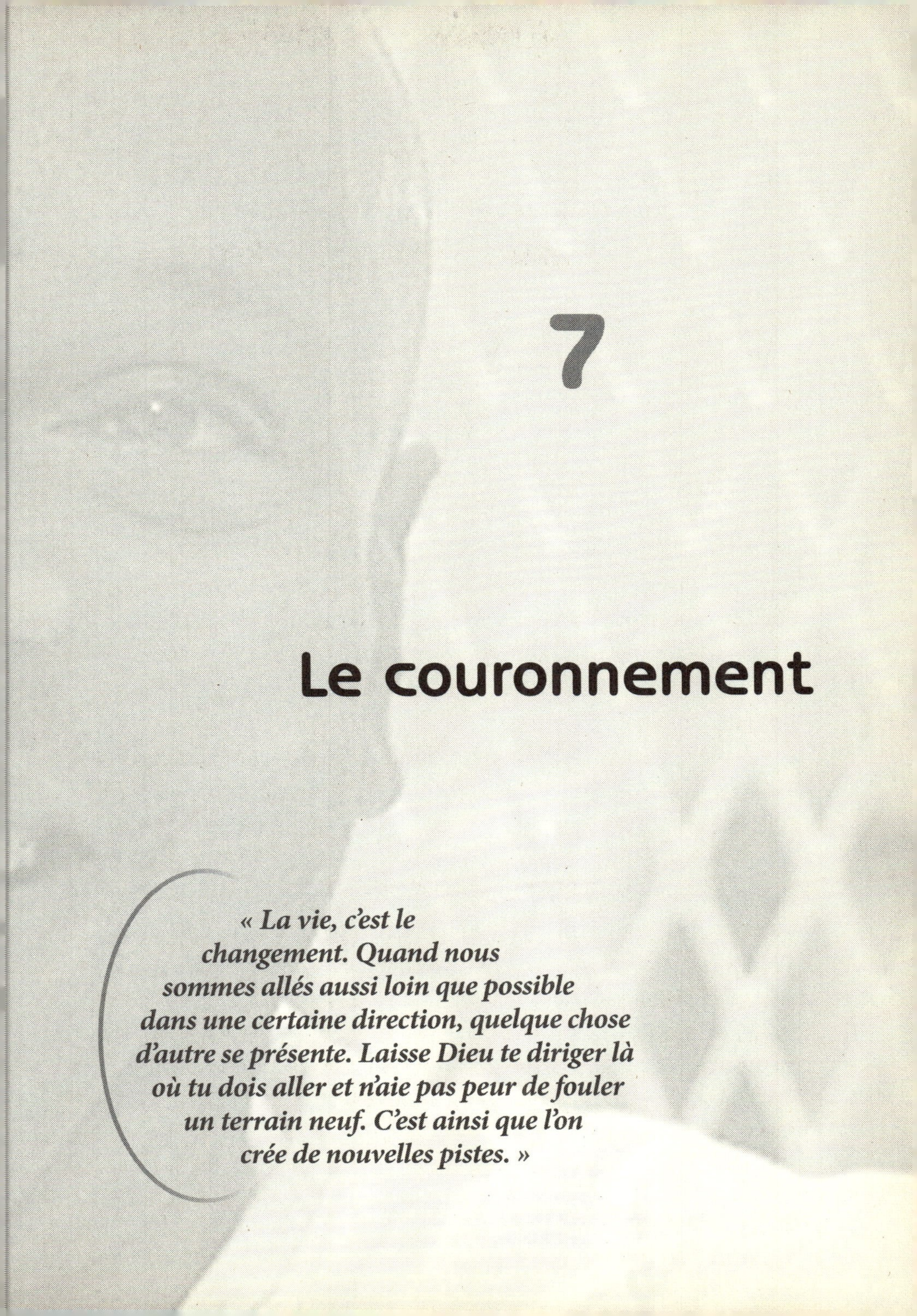

7

Le couronnement

« La vie, c'est le changement. Quand nous sommes allés aussi loin que possible dans une certaine direction, quelque chose d'autre se présente. Laisse Dieu te diriger là où tu dois aller et n'aie pas peur de fouler un terrain neuf. C'est ainsi que l'on crée de nouvelles pistes. »

« J'aime parce que c'est la seule chose que je sais faire, c'est la seule chose qui a du sens pour moi. »

« L'amour n'est qu'à une pensée de distance. Il ne peut jamais s'épuiser. Rappelle-toi de l'utiliser souvent ! »

L'amour inconditionnel, but ultime

Pour Roger, l'amour inconditionnel est le but ultime de l'existence. Il sert par amour de son prochain parce qu'il a réalisé que l'objectif ultime de l'existence est une vie illuminée à chaque instant par l'amour. Dans chaque pensée, parole ou geste.

Il serait le tout premier à reconnaître qu'il est encore loin de ce but, mais le fait de l'avoir si clairement devant lui est le moteur de sa vie. C'est le fil d'Ariane qui le conduit vers son accomplissement. Citant ce qu'il estimait être le plus grand discours de Martin Luther King qui disait que lorsqu'il serait mort, il ne voudrait pas qu'on se souvienne de lui pour toutes les marches auxquelles il avait participé, les récompenses qu'il avait reçues (dont le prix Nobel) ou les discours qu'il avait prononcés, mais pour son amour, Roger conclut :

> *« Le docteur King a essayé d'aimer, simplement essayé d'aimer. Nous devrions tous vouloir qu'on se souvienne de nous pour avoir voulu aimer. »* (2007)

Toujours à la réunion d'ART'AS évoquée précédemment, il disait encore dans le texte écrit pour cette occasion combien l'amour est en fin de compte l'attitude la plus naturelle :

« Les gens me demandent souvent comment je fais pour être capable d'aimer dans un lieu qui a été construit sur la haine, un lieu qui engendre le racisme, encourage l'inimitié, décourage l'amour, le pardon et certainement la miséricorde. C'est justement à cause de cela que je suis capable d'aimer et de manifester de l'amour parce que cet amour est terriblement nécessaire ici. Les gens qui sont restés longtemps dans l'obscurité craignent la lumière parce qu'elle leur fait mal aux yeux. Quand elle fait irruption pour la première fois, la lumière de l'amour est effectivement douloureuse et aveuglante pour ceux qui ont choisi de vivre leur vie dans l'obscurité et elle leur fait mal aussi. Mais plus on exprime d'amour et de compassion, plus il devient facile d'accepter la lumière. Tous les jours, nous nous disons frères et sœurs, mais nous nous comportons en étrangers !

Il est tout simplement impossible d'aimer et de haïr en même temps ! L'amour est la chose la plus simple et la plus naturelle dont j'aie jamais fait l'expérience. Certains disent qu'il est difficile d'aimer. Mais moi, je dis que c'est difficile de haïr parce que pour haïr, il faut avoir des raisons de le faire et nous devons nous rappeler le tort que quelqu'un nous a fait pour pouvoir le haïr. Je ne sais pas ce qu'il en est pour vous, mais pour moi, c'est tout simplement trop de travail ! Smile. Je préfère donc oublier le mal qu'on m'a fait et bénir ceux qui m'ont fait du tort et leur montrer de l'amour plutôt que de la haine.

Je ne sais pas quel type d'action il faudra pour sauver le monde, mais je suis sûr qu'ensemble, nous pouvons trouver la solution…

Si nous ne pouvons pas le faire par l'amour, alors on n'y arrivera pas, mes amis. C'est à chaque personne ici de prendre une décision consciente de faire de l'amour sa priorité numéro un à partir de maintenant. Nombre d'entre nous habitons dans des quartiers où nous ne connaissons même pas nos voisins, que nous rencontrons pourtant tous les jours sans les saluer. Comment faire de notre monde un endroit meilleur si nous ne commençons pas par le voisinage ? C'est dans notre vie que nous devons commencer à effectuer cette conversion de la haine en amour, une personne après l'autre. » (décembre 2007)

« Chaque message ne convient pas à tout le monde, mais nous connaîtrons tous le message qui nous est destiné quand nous l'entendrons. »

À une amie qui lui posait une question sur sa discipline spirituelle, Roger a répondu :

« *Je ne comprends pas vraiment ta question, car je n'ai pas une pratique particulière, si ce n'est que je ne permets pas à la haine de faire sa demeure en moi. Mon équilibre découle de la conscience que nous sommes tous des êtres spirituels, que nous sommes tous connectés du fait de cette simple vérité et que chacun de nous, quelles que soient les circonstances, est sensible à un sourire ou à un mot aimable. On peut faire face à toute situation en se disant que nous sommes tous les mêmes et que ce qui me calme et m'apporte la paix te calme aussi et t'apporte la paix.*

Je crois qu'il n'y a pas de "situations difficiles", à moins que nous ne leur permettions de devenir une partie de notre réalité. Ici, il y a des situations reconnues comme "difficiles "tous les jours, mais, en ce qui me concerne, je ne leur permets pas de devenir "difficiles" parce que je choisis de ne pas les laisser entrer dans ma réalité ou de la modifier. Je ne peux pas changer mon environnement et je n'essaie pas de le faire, mais je peux empêcher qu'une situation ne me change, moi.

Comment puis-je éprouver de l'amour pour ceux qui me font du mal ? Ou plutôt, comment, puis-je ne pas éprouver de l'amour pour eux ? Il me semble que ce sont eux, justement, qui ont le plus besoin d'amour ! Quand quelqu'un fait du mal à quelqu'un d'autre, c'est sa propre souffrance qu'il exprime. Les gens font du mal aux autres parce qu'ils veulent que ces derniers éprouvent la même douleur qu'ils ressentent, et c'est ce qui entretient le cycle infernal.

Le seul moyen de le rompre, c'est l'amour. L'amour est la seule force que j'aie trouvée qui soit capable de briser les chaînes de la haine enfermant tant de gens. Il n'y a pas deux faces à l'amour : ou bien nous aimons, ou bien nous n'aimons pas. J'ai choisi d'aimer et pour moi, c'est tout ce qui existe. Je ne veux pas ajouter un supplément de douleur ou de haine à ce qui existe déjà.

Ma sœur, l'amour est naturel. On n'a pas besoin de nous apprendre à aimer… Par contre, la haine est une chose qui doit être instillée en nous. La haine est une émotion non naturelle, c'est pour cela qu'elle fait du mal à l'esprit, au corps et à l'âme. Je le vois tous les jours. J'ai vu la haine transformer de braves gens en individus terribles parce qu'ils ne savaient pas s'en libérer. J'aime parce que c'est la chose la plus naturelle et que cela purifie le corps et l'âme. Cela permet à l'âme de se réjouir et à l'esprit de chanter !

À mon réveil, je ne commence pas à méditer et à entonner des mantras. Je ne commence pas ma journée en me préparant au pire. Non, je permets simplement à l'amour de me montrer le chemin. Smile ! Quand je suis confronté à une situation, une de mes premières pensées est : "Et si c'était moi, comment voudrais-je que l'on me traite ?" Et ma seconde action (note que je ne dis pas "réaction ") est de réfléchir à ce que je vais dire avant de le dire, parce que la plupart du temps, nous réagissons sans réfléchir lors d'incidents et c'est de là que proviennent la majorité de nos problèmes. Puis, après avoir pu enfin repenser à ce qui s'est passé, nous voudrions avoir agi différemment.
N'aie jamais peur de dire ce que tu dois dire, mais rappelle-toi simplement qu'il existe de nombreuses façons d'amener quelqu'un à voir ce qui est juste. Je n'essaie jamais de montrer leurs torts aux gens, j'essaie plutôt de les amener à un point où ils peuvent les voir par eux-mêmes. Je crois simplement que nous devons traiter les gens comme nous voudrions être traités. » (13 janvier 2011)

« J'espère que ta vie est remplie de la couleur et de la beauté qui réside en toutes choses. »

Comprendre, c'est aimer

Cet amour que ressent Roger pour ceux qui le traitent mal ou le haïssent même n'est pas, on le devine, venu du jour au lendemain!

Dans une lettre écrite huit ans plus tôt, juste après qu'on ait dépouillé les détenus d'une partie de leurs maigres possessions, Roger écrit :

« Il fut un temps où j'étais tellement en colère que je ne pouvais pas m'imaginer aimer ces gens! Mais j'ai pris conscience qu'ils avaient tant de haine en eux parce qu'ils ne s'aimaient pas eux-mêmes et qu'il n'y avait pas d'amour dans leur vie. Il fallait donc que quelqu'un les aime. Et ainsi, j'ai réalisé que je ne pouvais pas continuer à haïr quelqu'un tout en professant aimer Dieu! La haine et l'amour ne peuvent pas coexister dans le même corps. » (25 janvier 2003)

Cette compassion pour les autres, Roger la ressentait déjà bien avant d'entrer en prison, comme l'illustre ce souvenir, raconté à une amie qui lui est proche :

« Dans le courant du mois de décembre, mon ami japonais Shoy et moi rentrions de notre lunch. Je venais de payer nos deux repas alors que normalement, c'est lui qui les payait. Shoy avait

environ dix ans de plus que moi. Nous travaillions tous deux au restaurant, mais à côté de ça, nous exercions également le métier de menuisier. En retournant à notre camionnette, nous avons vu une femme accompagnée d'un petit garçon. Vêtu de haillons, celui-ci était assis contre le mur pour s'abriter du froid tandis que la femme mendiait, mais personne ne s'arrêtait. Quand nous sommes arrivés à leur hauteur, j'ai fouillé dans ma poche. Tout ce qui me restait après avoir payé le lunch était un billet d'un dollar et de la monnaie, mais j'avais aussi un billet de 50 dollars et je le lui ai donné[40]. Alors, Shoy m'a regardé en secouant la tête et il m'a dit : "Roger, pourquoi as-tu fait ça ? Je ne donne pas d'argent à ce genre de gens parce que, si elle peut mendier, elle peut aussi travailler ! Tu es un idiot !" Je l'ai regardé, puis j'ai regardé la dame qui me remerciait encore et le petit enveloppé de haillons et j'ai continué mon chemin en direction de la camionnette. Je n'ai rien dit à Shoy, ni essayé de me défendre pour avoir donné cet argent, mais quelque chose, à un niveau profond en moi, avait été touché et je savais que cette femme n'aurait pas mendié avec cet enfant assis dans le froid glacial si elle n'avait pas été désespérée. Très, très peu de femmes mettraient leur enfant en danger pour de l'argent. Shoy n'avait pas compris que ce n'est pas l'argent qui nous rend riches et que la véritable richesse vient de l'abondance de l'amour et de la miséricorde contenus dans le cœur.

J'avais vu ma grand-mère nourrir les clochards qui se déplaçaient le long des voies ferrées et qui venaient mendier à sa porte. Elle ne les chassait pas après leur avoir donné quelques centimes. Non, elle les invitait à entrer, leur préparait un vrai repas, et ma mère faisait de même… Ces femmes avaient plus d'amour à donner que n'importe qui d'autre que je connaisse et je ne les ai jamais vues fermer leur porte ou refuser leur table à qui que ce soit. » (entre 2007-2010)

Pour Roger, l'amour est avant tout un lien, une connexion. En restant connectés à l'amour divin, nous sommes rattachés à toute la création, donc à ses créatures, puisqu'à un niveau invisible, tout est un.

> « *Je sais que Dieu est amour et que l'amour n'est pas un mot, une croyance, mais une connexion. Parce que Dieu est amour et aussi longtemps que nous restons connectés à Dieu et à son amour, alors nous sommes connectés à l'univers entier. Dieu est l'amour dans sa forme pure et si l'amour de Dieu ruisselle en nous parce que nous sommes connectés à Lui, alors tout dans notre univers est amour et est aimé de nous.*
> *L'amour n'est pas une chose à laquelle on doit réfléchir, c'est une énergie qui se déverse à tout moment et qu'on ne peut ouvrir ou fermer comme un robinet. C'est faire ou ressentir quelque chose spontanément parce que c'est tout ce qu'on sait faire. C'est comme cela que je vois l'amour. Et même si parfois, je me fâche avec les gens, je ne peux trouver en moi de la haine pour qui que ce soit, car si Dieu peut pardonner, qui suis-je pour dire que je ne le peux pas ?* » (29 octobre 2000)

À la limite, Roger estime qu'il n'a même pas le choix entre aimer ou ne pas aimer : c'est quelque chose qui s'impose non pas comme une contrainte ou un commandement, mais comme la seule voie lui permettant de garder équilibre et paix dans l'enfer carcéral.

« À la fin, la mort nous prend tous. Je crois que, quelle que soit la durée de vie d'une âme en ce monde, même si c'est une seconde, c'est un miracle dont il faut prendre conscience. »

La loi de l'amour

Parvenu à une certaine compréhension de l'amour, on réalise que c'est la **seule réponse possible** à toute situation quelle qu'elle soit, à toute provocation, à toute souffrance ou tristesse, à toute épreuve, au désespoir, à toute pensée négative de quelque nature qu'elle soit. Ce point est absolument fondamental. Même dans les cas les plus extrêmes, parce que l'amour est une loi, il impose sa force tranquille à toute situation.

> *« L'amour n'a pas besoin d'amour en retour pour s'exprimer. Il se suffit à lui-même. Ceux à qui je témoigne de l'amour n'ont pas besoin de me le retourner, car l'amour aime inconditionnellement… Je ne crois pas qu'on puisse être touché par le Christ sans être transformé d'une façon ou d'une autre et je ne comprends pas pourquoi tant de personnes trouvent si difficile d'aimer et si facile de haïr… Ils pensent qu'aimer est trop simple, que ça ne peut pas être réaliste. Comment avons-nous pu nous mettre dans la tête une idée aussi fausse ! Après avoir perdu ce que j'ai perdu et vu ce que j'ai vu, je n'ai pas d'autre choix qu'aimer ! C'est la seule chose à laquelle me raccrocher et dont je puisse me réclamer. »* (4 mars 2001)

« La victoire ultime sera celle de l'amour et je pense que c'est parce que je réalise cela que je peux supporter tant de choses. » (début 1999)

Dans une lettre où il fait une distinction utile entre colère et haine, il souligne une fois de plus de quelle manière l'amour le sauve.

« Je pourrais chaque jour hurler de toutes mes forces pour protester contre l'abus mental et émotionnel auquel nous sommes soumis, mais je ne le ferai pas. J'ai appris à tout remettre à Dieu dans la prière. Je crois que seul l'amour peut changer quelque chose, mais hélas, il y a si peu d'amour partagé ! Pourtant, ce n'est pas à moi de m'en soucier. Je peux seulement donner ce qui est en moi et c'est tout ce que j'ai envie de donner, car je sais que cela vient de l'âme. Je m'énerve contre beaucoup de choses, mais la colère est une émotion saine qui nous permet de relâcher la tension. On peut la canaliser et la diriger. La haine n'est pas naturelle, elle brûle tout sur son passage et détruit celui qui hait beaucoup plus que celui qui est l'objet de la haine. Je l'ai vue, ressentie et j'en ai été jadis la victime. Seul l'amour auquel je m'accrochais m'en a sauvé. » (20 août 2002)

Même si Roger dit que l'amour est naturel et vient facilement, il reconnaît que sa mise en pratique est souvent plus difficile.

« Je me suis mis à vivre l'amour de plus en plus souvent et je tâche de rester conscient de mes pensées tout le temps. Quand j'ai affaire à des gens qui sont de mauvaise humeur ou qui m'ont fait du tort, je peux t'assurer d'une chose : aimer n'est pas toujours facile ! L'amour est le marteau qui détruit les murs de la haine et nous ne devons

jamais cesser de marteler. L'amour ne peut jamais être défait, car il est réel, alors que la haine est une illusion. » (9 avril 2003)

Quand Roger dit que la haine est une illusion, il l'entend au sens métaphysique de quelque chose qui n'a pas de substance réelle, contrairement à l'amour qui est immortel et « *incapable de discordance et de décomposition* ». (Mary Baker Eddy).

La haine ne peut simplement pas coexister avec l'amour. Ce message, Roger le répète et, surtout, il le vit depuis tellement longtemps !

« *Le monde est rempli de tant de tristesse, mais ni toi ni moi ne pouvons réaliser quoi que ce soit de valable en nous sentant tristes pour les autres. Par l'amour, nous devons continuer à dissiper toute la tristesse que nous voyons. Notre tristesse ne change rien à nos conditions de vie ni à celles des autres. L'amour seul nous donne le pouvoir d'agir. La violence et les guerres perdureront aussi longtemps qu'il y aura des hommes mettant le profit avant la vie et l'indifférence avant la compassion. Ceux-là feront ce qu'ils pensent devoir faire et nous ferons ce que nous savons devoir faire pour l'amélioration de la planète entière. La haine ne peut survivre là où l'amour est présent et l'amour n'a besoin de rien pour le soutenir. Il existe parce qu'il a toujours existé.* » (17 septembre 2005)

Terminons le chapitre avec ces paroles optimistes de Roger concernant la prise de conscience planétaire en train de s'opérer :

« *Je crois que de plus en plus de personnes deviennent conscientes et permettent à l'amour de diriger leur chemin. L'amour est en train de se répandre. Il ne peut être contenu et ne sera pas contenu. Seuls l'amour, l'espoir, la foi, la paix, la liberté, la justice, la vérité et le pardon détourneront l'humanité du précipice qu'elle s'est fabriqué. Et je crois que commencer par l'amour est tout ce qui est demandé.* » (4 avril 2004)

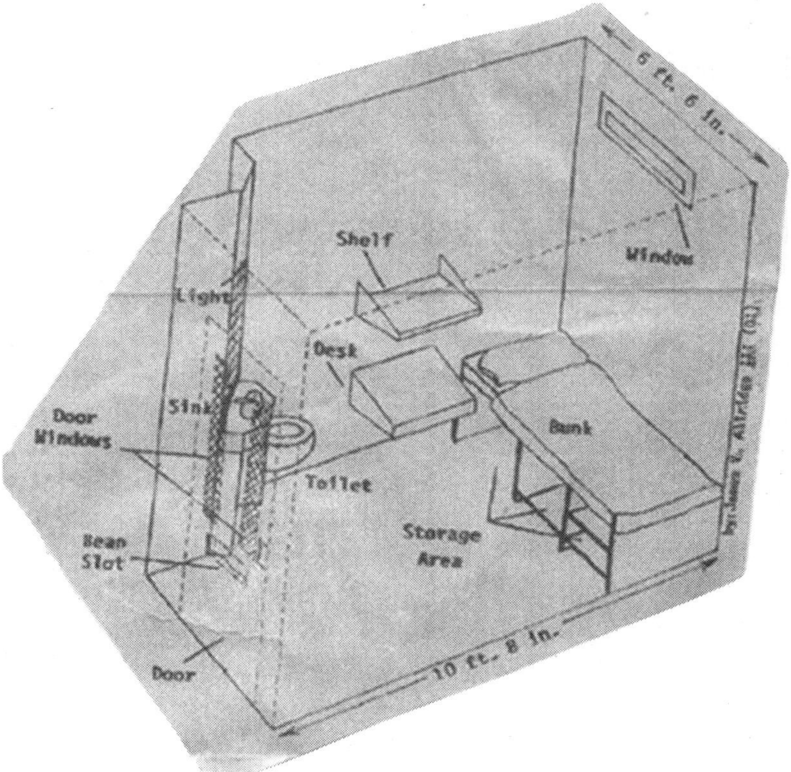

Esquisse d'une cellule de 2 x 3 mètres, par James V. Allridge III
(exécuté en 2004)

Roger membre d'un gang !

« Depuis que je suis ici, ils viennent dans cette aile et mettent toutes mes affaires sens dessus dessous. Au début, je l'ai accepté comme une partie de la routine, mais j'étais la seule personne à qui cela arrivait dans toute l'aile, soit 14 personnes au total. Ils venaient toutes les trois semaines, je devais me déshabiller complètement, ils me fouillaient et m'enfermaient ensuite dans la douche. Une nuit, récemment, ils sont revenus faire la même chose, mais je n'étais pas d'humeur à laisser se dérouler la même fouille sans protester. Aussi leur ai-je demandé ce qui se passait et pourquoi, chaque fois, j'étais le seul à subir ce scénario. Je leur ai dit que je ne sortirais pas de la cellule tant qu'ils n'auraient pas fait venir un sergent avec qui je pourrais parler. Celui-ci est arrivé et il m'a dit que j'étais noté comme membre d'un **gang** *! Je lui ai demandé de quoi il pouvait bien parler. Je n'avais jamais été membre d'un gang et n'en avais jamais eu la moindre envie. Je lui ai dit que j'avais passé 12 ans à Ellis One Unit sans jamais être membre d'un gang. Et voilà que j'arrivais ici et que, tout à coup, ils créaient un gang et m'y incorporaient ! J'ai alors écrit à mon avocat Gary, en lui demandant d'appeler la prison parce qu'il est très mauvais d'être fiché comme membre d'un gang.*

Je n'ai jamais été membre d'un gang et n'ai jamais donné à ces gens la moindre raison de me suspecter d'en être un. Il y a ici dans différentes ailes au moins sept Noirs qui ont été classés comme membres d'un gang. Je sais qu'aucun d'entre eux ne l'est, mais on fait subir ce traitement uniquement aux Noirs, alors qu'il y a ici des membres connus de gangs auxquels on n'a jamais rien fait. C'est de la discrimination raciale !… Il semble que, quoi que nous fassions, ils trouvent toujours une raison de nous harceler. Je prie éperdument, demandant à Dieu de me donner la force de tenir le coup et de ne pas être amer à cause de ces gens. Je prie pour eux et demande à Dieu d'adoucir leurs cœurs, mais rien ne semble marcher…

Alors j'essaie d'introduire de l'humour dans la situation, car il y a bien des choses que je trouve amusantes ici, mais ne fais pas l'erreur de penser que je ris tout le temps ! Il y a certaines choses qui me prennent aux tripes et me privent littéralement de tout mon humour… Parfois, après une dispute avec ces gens ou après les avoir écoutés me donner une réponse vraiment stupide à une question qui ne demandait qu'un peu de bon sens, je m'assieds et je ris de moi-même. J'espère que mon humour empêchera ma santé mentale de se détériorer, car avec cette histoire de gang, il me semble avoir atteint ma limite absolue de résistance.

Mais tu as raison, Dieu a tant de façons de nous aider ! Je crois qu'il te permet, à toi et à mes autres amis, d'être une sorte de bouée de sauvetage pour moi, car tu ne sais pas combien de fois tu m'as empêché de faire quelque chose de totalement stupide en m'envoyant une lettre au bon moment. »

(13 août 2000)

8

Le rôle des correspondants

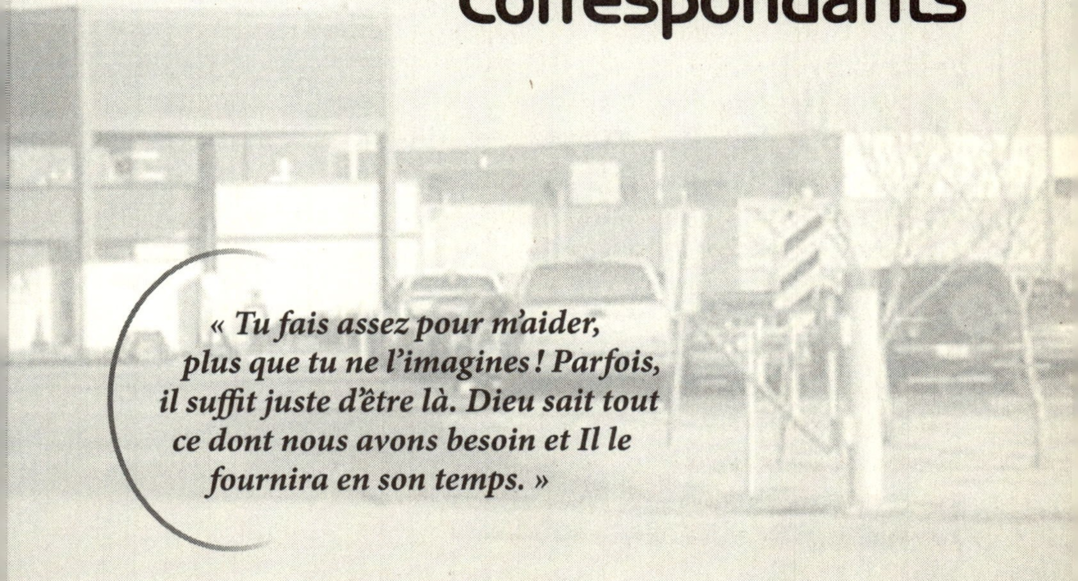

« Tu fais assez pour m'aider, plus que tu ne l'imagines ! Parfois, il suffit juste d'être là. Dieu sait tout ce dont nous avons besoin et Il le fournira en son temps. »

« Nous prenons tant de choses comme allant de soi sans même penser au fait que d'autres, dans le monde, ne peuvent même pas se payer la nourriture que nous jetons ! »

Visiteur de prison, je réalise aisément ce que représente pour un détenu la présence dans sa vie d'une personne qui le respecte, l'aime, l'encourage, lui rend de petits services, et qui est en général la seule personne – en dehors de son avocat – ne représentant pas l'administration ou n'étant pas reliée à elle par sa fonction.

Ainsi, je visite en ce moment un jeune détenu africain de 22 ans dont les parents ont été assassinés par des bandits quand il avait huit ans. Enfant unique, ce qui est rare en Afrique, des voisins le déposent au Liberia proche où il devient enfant des rues, vivant au jour le jour, souvent de petits larcins, comme la plupart des jeunes dans sa situation. Très jeune, il arrive en Europe, reste quelques années en France, puis vient en Suisse où il est arrêté pour un délit pénal après cinq ans de séjour illégal. Presque analphabète, il parle mal un peu d'anglais et encore moins de français. Il ne connaît même pas ses droits fondamentaux en prison et, surtout, n'a pas un centime pour s'acheter un café ou une cigarette. Après notre première visite, je lui ai envoyé une belle carte postale, la première missive personnelle qu'on lui ait jamais adressée de sa vie entière. Quand on n'a pas d'adresse fixe, où vous envoyer quelque chose? C'est aussi simple que cela! Il me dit n'avoir aucun ami au monde. Parlant de sa condition, il me dit : *« C'est un peu difficile »!*

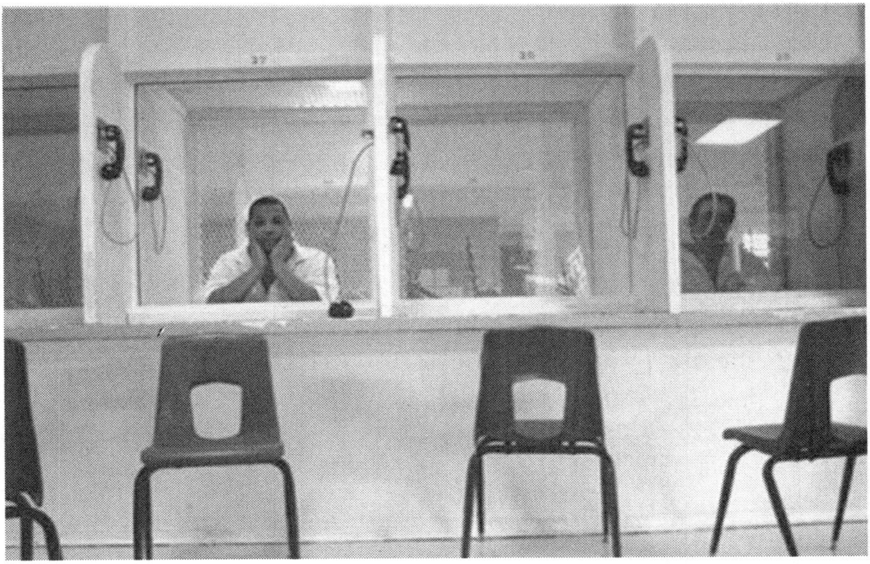

Imaginez que vous êtes vous-même en prison. Vous visualisez peut-être une prison ayant des gardiens bien formés et, en général, très corrects, avec des règles de comportement précises qui ne changent pas tous les deux ou trois mois, une nourriture très convenable, des possibilités de recours réglementées, du personnel social pour s'occuper de vous, une aumônerie qui vous trouve un visiteur bénévole, la télévision, des cellules pour 2 à 5 détenus, des contacts quotidiens avec nombre d'autres détenus, le tout dans le cadre d'un système juridique qui fonctionne en général convenablement.

Imaginez maintenant une tout autre réalité : vous êtes dans une cellule minuscule, sans aucun contact avec l'extérieur, avec votre famille, avec des visiteurs ou d'autres détenus ; vous n'avez aucune ressource financière ni l'information vous permettant de connaître le déroulement de la procédure judiciaire ou vos droits comme condamné, voire les possibilités de faire recours. N'ayant pas d'argent, vous ne pouvez même pas acheter de livres, vous abonner à une revue ou à un journal. Vous êtes littéralement emmuré vivant.

Mais un jour, au cours d'une conversation, vous entendez parler d'une organisation qui s'appelle Amnesty International et qui met des détenus en contact avec des correspondants, en général étrangers. Vous mettez alors une petite annonce dans le journal d'Amnesty, disant que vous cherchez un correspondant.

Voici celle que mit Roger, en 1993, six ans après sa condamnation à mort :

À toute personne concernée

« Je suis un Noir américain de 28 ans, d'un mètre soixante dix pour 80 kg, avec des yeux bruns et une peau cuivrée. Je suis depuis six ans dans le couloir de la mort et sans famille. Je cherche un correspondant mûr, sensible, honnête, sans préjugés et sympathique. Je suis moi-même honnête, ouvert et sincère. J'aime lire, écouter la musique et faire du sport. J'ai du plaisir à bricoler et je sais écouter. Je cherche quelqu'un que cela ne dérangerait pas de m'avoir comme correspondant. »

Roger W. McGowen
Ellis One Unit No 889
Huntsville, Texas 77343

Au début et pendant environ dix ans, il eut fort peu de correspondants, mais après la publication de son livre *Messages de vie du couloir de la mort,* le nombre de ces derniers a littéralement explosé – et il lui est aujourd'hui impossible de répondre à tous ceux qui lui écrivent.

Ses premiers correspondants ont totalement transformé la vie de Roger. Il n'est pas excessif de dire que sans eux, il ne serait plus là.

En 1996 déjà, ils se sont mobilisés pour faire annuler la date d'exécution qui avait été fixée, et en 2006, grâce à la générosité extraordinaire des lecteurs de son livre, le comité de défense international mis sur pied a pu engager l'excellent avocat privé déjà mentionné.

C'est parce que *ces liens sauvent des vies* que nous ajoutons cette section sur l'influence qu'ont eue sur Roger ses correspondants, en espérant que cela poussera des lecteurs à correspondre avec un des milliers de détenus du couloir de la mort américain[41].

À un correspondant avec qui il est en liaison depuis le milieu des années 1990 et qui a eu une très grande influence sur sa vie, Roger écrit :

« Joyeux Noël et bonne Année ! Puisse ta lumière ne jamais pâlir aux yeux de Dieu et puisse la paix que tu travailles tellement à amener dans le monde ne jamais te quitter ! Je vous aime tant, ta femme et toi ! Quand je pense à toi ou parle de toi à quelqu'un, je ne peux exprimer le sentiment d'amour qui m'envahit. Grâce à toi, ma vie vaut la peine d'être vécue parce que tu l'as remise sur un terrain solide. Dieu t'a envoyé à moi parce que j'avais besoin de toi. Il sait ce dont nous avons besoin et quand nous en avons besoin. » (30 janvier 2003)

Après une des périodes les plus difficiles de sa vie en prison, il lui écrit encore :

« Je t'aime tellement, tu es la personne la plus proche que j'aie eue comme père depuis que mon propre père est mort. Je pense que je

voulais que tu prennes ce rôle de père… Je t'aime profondément et je veux que tu saches que toi et ta femme, vous êtes ma famille. N'ayez jamais de doutes à ce sujet, jamais ! L'approche de Pâques me rappelle combien je suis béni de vous avoir dans ma vie et je suis conscient des sacrifices que vous avez faits pour m'aider. Je ne crois pas que j'aurais pu arriver où je suis sans votre aide. » (11 avril 2006)

Et à un couple d'amis, il déclare :

« Si je ne vous l'ai jamais dit, vous êtes mes héros, vous êtes ma force, l'épaule sur laquelle je peux me reposer ! Chaque jour, je remercie Dieu de vous avoir envoyés dans ma vie. Si seulement vous saviez l'amour que je ressens pour vous, cela vous dépasserait comme cela me dépasse parfois. Je vous aime plus que je n'ai jamais imaginé pouvoir aimer quelqu'un. » (14 janvier 2007)

« Par moments, je me décourage, mon pas devient mal assuré et ma voix tremble, mais je n'abandonnerai jamais l'espoir. Parfois, on me demande pourquoi je tiens bon. C'est alors que je vois les visages et les sourires de mes amis. Je vous aime tellement, toi et ta femme. Vous faites partie de ma famille maintenant et parfois, dans une famille, on se repose les uns sur les autres. Merci de m'offrir le soutien de ton épaule ! » (2 novembre 2003)

Dans le passage suivant, il retrace son parcours en prison et le rôle que ses correspondants ont joué dans les moments les plus difficiles :

« Quand j'ai, pour la première fois, mis les pieds sur les marches d'Ellis One Unit, mon premier couloir de la mort au Texas, j'étais

un jeune homme perdu, mais qui ne cessait jamais de chercher, un jeune homme immature dont l'éveil commença peu de temps après. Je vois des visages et des vies et j'entends les dernières paroles de tant de détenus qui ne m'ont laissé que le souvenir de leur passage. Tous étaient des prisonniers en grand désarroi et tous recherchaient la compassion et la miséricorde, mais ils ne trouvèrent que la brutalité, la haine, la tromperie et, en fin de parcours, la mort.

J'ai décidé alors de fixer mon regard sur une lumière à l'horizon et de ne jamais cesser de mettre un pied devant l'autre. Parfois, je trébuchais et n'avais plus envie de me relever, mais il y avait toutes ces personnes si belles qui se baissaient pour me relever, brosser la poussière de mes vêtements et me murmurer des mots d'encouragement. Je n'aurais jamais réussi à aller aussi loin sans de bons amis comme toi. Les gens aiment remercier Dieu pour tout le bien qui se produit dans leurs vies. Mais, mon ami, les gens, les amis que nous rencontrons sur notre route sont Dieu. Il se manifeste à travers nous. Nous tous, ensemble, sommes Dieu. »
(17 août 2003)

Il remercie chaleureusement l'une de ses plus anciennes correspondantes qui s'est énormément investie pour sa défense et qui a joué un rôle clé dans sa survie après qu'une date d'exécution ait été fixée en 1996 :

« *Merci pour tout le travail que tu as fait pour moi. Si je vivais cent vies, je ne pourrais retourner tout l'amour que tu m'as manifesté.* »

Dans une autre lettre du 22 avril 2001, il lui avoue :

« À travers toi, Dieu m'a donné une nouvelle vie, une nouvelle façon de parler et d'agir, une raison de vivre. J'ai de l'espoir comme jamais auparavant ! »

Non sans une note d'humour, toujours pour la même personne, il complète sa pensée en parlant d'une femme qui compte beaucoup pour lui :

« Je ne sais pas comment j'aurais réussi à tenir le coup sans sa présence dans ma vie. Dieu m'a donné une famille et je sais maintenant ce que Job dut ressentir après que Dieu lui eût tout repris avant de le lui redonner au centuple. Toi, M. et H. êtes maintenant ma famille, donnée par Dieu. »

Pour Roger, chaque lettre de chaque correspondant est unique.

« Chaque lettre et chaque ami distillent leur magie spéciale et chacun tient une place unique dans mon cœur ! »

Et quand le contexte pénitencier devient insupportable, il suffit d'un petit mot pour amener ce rayon de soleil qui change tout :

« Parfois, ces murs sont difficiles à repousser et quand ils commencent à se refermer sur nous, une lettre ou une simple carte qui dit : « Je pense à toi » *constitue une bouée qui en a sauvé plus d'un. »* (17 septembre 2005)

« La plupart des choses qui valent leur pesant d'or ont coûté beaucoup de larmes amères. »

Roger explique à une jeune femme l'influence qu'ont eue sur lui ses lettres :

« *Je lis tes lettres, je t'écoute et j'utilise ta sagesse et ta force pour me porter à travers une journée de plus. Tu fais partie de ma vie maintenant. Quand je me sens fatigué, que mon énergie est partie et que je sens que je ne peux tenir une journée de plus, je peux contempler ton beau visage et me rappeler pourquoi je lutte si fort.* » (4 mai 2004)

Aucun de ses contacts épistolaires n'est dû au hasard, explique-t-il à une correspondante avec laquelle il célèbre dix ans de relation.

« *Cela fait dix ans que nous correspondons ! Pour moi, notre amitié est en dehors du temps, c'est comme si je t'avais connue toute ma vie ! Mais dix ans, c'est long pour un homme en prison ! Quand nous avons commencé notre correspondance, la situation n'était finalement pas si horrible si je la compare à aujourd'hui*[42]. *Je ne regretterai jamais d'avoir répondu à ta première lettre et maintenant, je n'oublierai jamais le 2 février. Je suis si heureux que tu sois entrée dans ma vie. Je t'aime tellement ! Oui, j'ai été vraiment béni ce 2 février et Dieu a continué à me bénir. Je crois que Dieu réunit les gens pour des raisons que Lui seul connaît au début.* » (12 mars 2003)

Même après 15 ans de correspondance, Roger ne cesse de me répéter dans chaque lettre combien il m'aime et, comme on peut le voir, je suis loin d'être le seul. Cela montre vraiment que ses correspondants lui offrent un espace de vie, d'échange et le moyen d'oublier un moment une situation impossible.

On n'insistera jamais trop sur l'importance de ces contacts pour un détenu. Pour certains, cela peut faire toute la différence entre garder son équilibre mental ou sombrer définitivement dans la dépression, la maladie mentale, voire la tentation du suicide.

Un autre aspect important de ces échanges épistolaires est que ses correspondants acceptent totalement Roger tel qu'il est. Je me rappelle un cas faisant exception où Roger me disait avoir interrompu un échange avec une personne désirant à tout prix le convertir !

Cette dimension de respect de sa personne est fondamentale. Elle ressort des lignes suivantes :

« Excuse le retard pris à t'écrire. Le temps est quelque chose qui n'a vraiment pas de sens ici. Nous vivons en quelque sorte en dehors du temps. Ici, tout va à reculons alors que la société, elle, avance. Alors je laisse s'écouler le temps avant de t'écrire. Mais ne crains pas que je ne t'écrive pas ! Tu finiras bien par avoir de mes nouvelles ! Merci pour ton amour et ce grand sourire que j'ai reçu en ouvrant l'enveloppe. Je te remercie du fond de mon cœur d'être qui tu es et de me permettre d'être qui je suis. Je te garde dans mes prières et tu as à jamais une place dans mon cœur. » (21 août 2005)

Deux ans plus tard, il termine ainsi une lettre :

« Il pleut en ce moment et je dois réarranger ma cellule tout de suite parce qu'elle laisse entrer l'eau et si je ne le fais pas, tout va être trempé. Nous avons des averses tous les jours depuis plusieurs semaines. Je vais donc devoir mettre fin à cette lettre, mais jamais à mon amour. » (3 septembre 2007)

Le bien-être de ses correspondants est aussi important pour Roger que le sien l'est pour eux, comme il l'explique ici :

« *J'ai reçu beaucoup de lettres, j'en ai 60 à 70 à écrire ! Il est très difficile pour moi de recevoir une lettre et de ne pas y répondre parce que quelqu'un a pris le temps de l'écrire. Nous ne sommes autorisés à acheter qu'une trentaine de timbres [par mois]. Il me manque donc des timbres et parfois même du papier à lettres, mais je ne manque jamais de volonté et* "la volonté se fraie toujours un chemin quand elle le veut"[43]. »
Penses-tu que parce que je suis enfermé 24 heures sur 24, je ne me préoccupe pas de toi ? Ton bien-être est aussi important pour moi que le mien pour toi. Au moment où j'ai reçu ta lettre, nos forces de vie se sont unies et j'espère vraiment que tu vas bien et que tu peux sourire. Pour ma part, je vais bien, même si je n'ai pas quelqu'un qui me demande chaque jour comment je vais. Dès maintenant, chaque matin où je serai assez béni pour pouvoir me lever de ma couche, je t'entendrai me demander "Comment vas-tu ?" *et je serai heureux. Mais tu n'as pas à me remercier de t'écrire depuis cette cellule glaciale, je t'aurais écrit assis sur un iceberg s'il m'avait fallu le faire !*
Tu en as bavé autant que moi et pourtant, tu es assez humble et dépourvue d'ego pour m'appeler brave. Tu es une inspiration pour moi et, parce que ces belles paroles viennent de toi, alors je les accepte. Merci ! Merci pour ton offre de m'aider, mais je vais bien. Dieu n'a jamais cessé de me bénir. Il t'a envoyée, non ? Repose-toi et je te garderai dans mes prières. Souris parce que cela fait du bien ! » (janvier 2004)

Ce n'est pas parce qu'il a aujourd'hui une stature spirituelle exceptionnelle que Roger n'a pas besoin de la nourriture de l'âme que constitue sa correspondance.

> « *Merci de te souvenir de moi qui suis dans ma petite cellule tandis que la pluie tombe à verse dehors et qu'un mince filet d'eau dégouline le long des murs, comme les larmes d'un saule pleureur. Chaque fois que ces murs commenceront à se resserrer sur moi, je me souviendrai de toi et de ta si belle lettre et tu me donneras la force d'affronter une nouvelle journée.* » (janvier 2004)

Ses amis-correspondants sont tout pour Roger. Alors terminons avec cette affirmation qui constitue sa façon de dire merci à tous ceux et celles dont les lettres ont permis de rédiger cet ouvrage et que je remercie à nouveau à travers lui :

> « *Il est presque impossible d'expliquer ce que ma correspondance avec toi et mes autres amis a signifié au cours des années. Elle a rempli ma vie au-delà de toute mesure ! Là où je me sentais seul, j'ai maintenant une merveilleuse famille de personnes que j'aime de tout mon cœur ! J'ai une raison de me lever le matin, avec un chant sur les lèvres, une prière dans le cœur et la compassion et l'amour à tout instant dans l'esprit.* »

Roger • Pensées à méditer

Nous avons inclus dans cette section diverses pensées de Roger touchant à des sujets autres que ceux que nous avons abordés dans les chapitres à thème précédents. Ces phrases sont comme de petites lucarnes qui permettent de mieux cerner sa philosophie de la vie.

Je garde mon équilibre mental et ma paix en ne permettant pas aux autres d'influencer ma réalité.

Mes journées ne sont jamais mauvaises au point de ne pouvoir sourire ne fût-ce qu'une fois et je refuse qu'elles le deviennent. Quand les nuages s'amoncellent, je me rappelle toujours qu'avant qu'ils n'arrivent, le soleil était là et qu'il reviendra. Pour le moment, mon cœur et mon âme sont remplis de paix. Parfois, il est vrai, je permets à la déprime de s'approcher un peu trop de mon âme, mais j'ai appris à y faire face.

Nous ne pouvons pas contourner tout ce qui entre dans nos vies. Au mieux, nous pouvons nous efforcer de comprendre la situation sans lui permettre de nous dominer. Il y a des moments où j'ai besoin d'une pause. Mais je ne peux tout arrêter pour partir en vacances ou aller me coucher dans l'herbe. Je dois faire face à ma condition pénitentiaire… La prison ne cesse pas d'être une prison simplement parce que j'en ai envie ! Nous avons tous, heureusement, nos soupapes de sécurité et devons les utiliser.

Merci pour ton offre de m'aider, c'est très gentil de ta part, mais en ce moment, je vais bien et je n'ai besoin de rien. J'essaie de vivre ma vie aussi simplement que possible afin que les gardiens n'aient pas de prise sur moi. Ils essaient de nous punir en nous privant du peu que nous avons. Alors, si je n'ai rien, il n'y a rien qu'ils puissent me prendre !

Vivre nous permet d'apprendre que haïr celui qui nous hait en lui renvoyant sa haine ne vaut pas l'effort qu'on y met. Vivre, c'est découvrir qu'aimer est plus facile que haïr. Aimer fait vivre, ça ne demande plus d'efforts au bout d'un certain temps. La haine, par contre, est contraire à notre nature divine profonde et elle fait plus de mal que de bien au corps, à l'esprit comme au cœur et à l'âme.

Oui, Pâques fut paisible et tranquille. En fait, la plupart des jours se ressemblent, bien que par moments, le chaos les envahisse. Dans ces moments-là, je recherche la paix qui est au cœur du chaos. Oui, je pense que beaucoup de gars ici ont pour la première fois le temps de regarder profondément en eux-mêmes et de voir ce qu'ils ne pouvaient voir quand ils étaient libres : leur beauté intérieure, leur enfant intérieur et, ce qui est le plus important, de voir qu'ils ont la force de pardonner. Nombre de ceux qui sont entrés ici sont arrivés avec beaucoup de haine au cœur. Plus on la laisse grandir, plus elle nous dévore, mais en fin de compte, mon amie, la paix est ce que nous découvrirons tous, que nous le voulions ou non.

« Mon Père, s'il est possible, que cette coupe s'éloigne de moi. Toutefois, non pas ce que je veux, mais ce que Tu veux », *dit Jésus au moment de la Passion. Cette parole, je la répète souvent. Je ne crois pas au hasard. Toute chose a un sens et une raison d'être. Rien ne peut arriver sans raison, même ma présence ici. Non, je ne suis pas là où je voudrais être, mais là où Dieu a besoin de moi, en ce moment. Je pense que j'ai été placé là où je peux être le plus efficace pour l'instant. Je sais dans mon cœur et dans mon âme que Dieu a un plan pour nous tous, moi y compris, et qu'un jour, ces chaînes tomberont. On est là où on doit être et Dieu donne ce dont on a besoin, pas toujours ce que nous voulons ! Lui, Il sait. Non pas ma volonté, mais la sienne ! Je le dis et Il me donne Sa force.*

Mon recueil personnel de pensées à méditer

Mon recueil personnel de pensées à méditer

Mon recueil personnel de pensées à méditer

Notes

[1] Ses membres se trouvent aux USA, au Canada, en Suisse, en France, en Allemagne, en Suède et aux Pays-Bas.

[2] Un homme responsable de crimes sur des enfants. Particulièrement odieux, ceux-ci avaient secoué toute la Belgique il y a quelques années.

[3] Les détenus peuvent acheter une quantité limitée de nourriture industrielle qu'ils gardent dans leur cellule. Les timbres sont également délivrés au compte-gouttes.

[4] Roger a un problème de diabète depuis plusieurs années.

[5] La plus populaire des fêtes nationales américaines, célébrée le 4e jeudi de novembre.

[6] Roger a passé une fois des semaines au « niveau 3 », qui est le régime punitif le plus sévère, parce qu'un détenu avait glissé de la drogue dans un rouleau de timbres qu'il lui avait confié, ce qui faisait partie d'un plan mis au point par un groupement raciste blanc pour le "couler".

[7] La première prison de Roger à Huntsville.

[8] *Le pouvoir du moment présent,* p. 33 34, Ariane Éd. Outrement, 2000.

[9] Communication personnelle de Demba Mansaré, fondateur du COLUFIFA.

[10] Roger ponctue constamment ses lettres avec des ***« smile »*** : « sourire » ou « souris ! » en anglais.

[11] L'innocence de Roger **ne fait absolument aucun doute** pour moi. C'est une certitude et je sais que je parle ici au nom de tous les membres de son Comité de soutien international.

[12] Aux États-Unis, nombre de parents de victimes de crimes ou délits graves s'organisent entre eux pour exiger des conditions pénitentiaires plus rigoureuses, durcir la législation et demander la réintroduction de la peine de mort dans les États l'ayant abolie.

[13] Aujourd'hui et depuis plusieurs années, il est strictement impossible d'envoyer quoi que ce soit à Roger, si ce n'est des lettres et éventuellement quelques pho-

tos. Toute la correspondance qui entre dans la prison ou en sort est lue par le service de censure.

[14] Voir par exemple le récit de Samuel appelé par Dieu dans I Samuel chap.3.

[15] Je ne connais pas de religion spécifiquement non dualiste. Par contre, on trouve nombre de penseurs non dualistes dans le védantisme indien, chez certains maîtres zen, chez les soufis, etc.

Un livre clé pour comprendre la dérive théologique radicale du message de plénitude, d'abondance, d'innocence totale et de joie enseigné par Jésus vers un message dualiste de péché, de peur, de culpabilité, de sacrifice constant et de manque qui devint très rapidement le cœur de l'enseignement chrétien est l'ouvrage de Jacques Ellul, *La subversion du christianisme* (cf. bibliographie).

[16] *« God is fun. »* L'expression anglaise *« fun »* implique en même temps la drôlerie, l'amusement, le rire, la détente.

[17] Notre traduction de *« God knows best »* (difficile à traduire en français).

[18] *Science et santé avec la clé des Écritures* est axé avant tout sur la guérison spirituelle (au sens le plus large du mot, à savoir guérir les problèmes sociaux et l'environnement autant que la maladie). Ce livre étonnant contient une vision non dualiste profondément originale du christianisme. Les cent dernières pages sont constituées uniquement de témoignages de personnes guéries de toutes les maladies imaginables par sa simple lecture.

[19] *« Car mes pensées ne sont pas vos pensées et vos voies ne sont pas mes voies, dit l'Éternel. Autant les cieux sont élevés au-dessus de la terre, autant mes voies sont élevées au-dessus de vos voies et mes pensées au-dessus de vos pensées. »*

[20] Le seul ouvrage que je connaisse qui s'approche de l'attitude de Roger par sa force de louange dans l'épreuve est le *best-seller* mondial de Merlin Carothers, *Puissance de la louange,* Éditions Foi et Victoire, publié avec son premier livre, *De la prison à la louange,* en des dizaines de millions d'exemplaires dans le monde entier et de nombreuses langues. Des ouvrages spirituellement décapants!

[21] La fenêtre, de la largeur d'une main et d'environ 90 cm de long, est une minuscule meurtrière située 12 cm en dessous du plafond. Roger doit donc enrouler son matelas, le placer sur la planche métallique servant de sommier et monter dessus pour voir dehors.

[22] Il s'agit d'infractions aux règlements commises par les détenus. Ces derniers sont isolés au « niveau 3 » où pratiquement tout leur est ôté, où ils ne peuvent avoir que de très rares douches et où ils gèlent en hiver.

[23] Les détenus sont fouillés à chaque sortie de cellule et doivent souvent se déshabiller complètement.

[24] La façon dont j'ai rencontré la correspondante qui m'a mis en contact avec Roger est étonnante. Lorsqu'une date d'exécution pour Roger fut fixée en 1996, cette personne remua ciel et terre pour le sauver. Elle en parla à des amis à Zurich, qui lui dirent qu'elle devait absolument me rencontrer. Or, je n'avais jamais rien eu à faire avec la peine de mort, je ne m'étais jamais manifesté ou

mobilisé contre cette dernière et encore aujourd'hui, je ne comprends pas – au niveau humain – pourquoi ils lui ont suggéré de me contacter. Il est évident qu'une autre volonté était en train d'opérer!

[25] Comme un pêcheur qui veut attraper le maximum de poissons.

[26] Son frère décédé pour qui il paie depuis 25 ans.

[27] Qui fut abattue lors du hold-up mené par Charles et leur cousin Kerwin.

[28] Mata Amritanandamayi, Amma, appelée la Mère de tous, est une figure spirituelle de premier plan dans le monde contemporain. Née au sein d'une famille d'humbles pêcheurs dans un petit village de l'Inde, elle montra très tôt des dons spirituels exceptionnels et un amour débordant pour tous. Aujourd'hui connue dans le monde entier, elle organise avec ses disciples des moments de partage appelés *darshan,* au cours desquels elle enseigne des vérités spirituelles très simples et, surtout, prend dans ses bras des milliers de personnes. Elle est l'incarnation même du service désintéressé, qu'elle situe tant sur le plan pratique que sur le plan spirituel. Son enseignement est très proche des convictions de Roger. Pour Amma, qui a une vision non dualiste très pure, tout en nous et à l'extérieur de nous est divin. La correspondante en question lui a présenté à plusieurs reprises la photo de Roger. Amma s'est enquise de sa situation et a prié pour lui.

[29] À cause de la très mauvaise réception radio dans les cellules et de la qualité exécrable des postes radio vendus par la prison, certains détenus mettent une mini-antenne en fil de fer sur leur poste. Roger a déjà eu une radio confisquée à cause de cela.

[30] Comme elles sont en métal, cela fait un vacarme assourdissant.

[31] Voir par exemple *The Eye of the I,*, Veritas Publishing USA (www.veritaspublishing.com). Cet ouvrage révèle brillamment le cœur même du processus spirituel permettant d'atteindre l'illumination. C'est l'un des ouvrages de spiritualité les plus fondamentaux de notre époque. Curieusement, Hawkins est pratiquement inconnu en Europe. Cet homme, qui fut un psychiatre éminent pendant plus de 40 ans, est aussi l'un des grands mystiques d'aujourd'hui. Il a commencé à avoir des expériences d'éveil dès l'âge de trois ans.

[32] Source : *Vivre sa spiritualité au quotidien,* Éditions Jouvence, p. 27.

[33] Les gardiens de prison du Texas sont parmi les plus mal payés des USA.

[34] Pas face à face, bien sûr, mais en se criant les positions des dominos. Rappelons qu'il n'y a aucun contact direct entre détenus. « Manger ensemble » (voir plus bas) signifie par exemple que l'un des deux a acheté de la nourriture pour les deux ou qu'en tant que voisins, ils mangeaient en même temps et en se parlant.

[35] Septième d'une famille de neuf enfants, Lebreton passe son enfance au manoir familial de Kerval, en Bretagne. Au début de la Seconde Guerre mondiale, il est engagé dans les Forces françaises libres à Londres en 1940. Il est blessé à El-Alamein en Libye, en 1942, par une grenade dégoupillée que lui passe un ami, perd ses mains et devient aveugle. Par la suite, il travaillera dans une association

pour handicapés et, surtout, connaîtra un cheminement étonnant vers Dieu. Il témoignera beaucoup de sa joie de vivre et du fait que le seul handicap est d'être amputé de Dieu. (Source : Wikipedia.org)

[36] Parrainage fait à travers une association indienne, « Volontariat en Inde », qui a des comités d'aide en France et en Belgique (www.volontariat-inde.org).

[37] Un cerf-volant est constitué d'une boîte de conserve à laquelle est attachée une ficelle et dans laquelle on met un message ou un objet. Par l'ouverture dans la porte, le détenu fait rouler la boîte jusqu'à la cellule de son camarade qui la récupère. Ces ouvertures semblent maintenant avoir été scellées.

[38] Plusieurs personnes lui envoient un peu d'argent pour subvenir à ses besoins, comme l'achat de timbres, de papier à lettres et d'enveloppes, un peu de nourriture pour compléter le régime totalement inadéquat de la prison, etc.

[39] C'est sur cette pratique que se fonde celle de l'art de bénir : inverser son regard sur le monde qui nous entoure et sur les gens pour ne voir que le bon dans l'autre. Loin d'être un idéalisme éthéré, cette pratique consistant à changer son regard donne des résultats étonnants, comme l'illustre le livre *Vivre sa spiritualité au quotidien* (op.cit.).

[40] À cette époque, cette somme valait 150 euros d'aujourd'hui.

[41] Depuis sa fondation en 1998, Lifespark Suisse (qui crée un lien entre détenus aux USA désireux d'avoir un correspondant et des personnes vivant en général en Suisse – voir www.lifespark.org) a créé plus de 1100 ponts entre détenus et correspondants. Si vous désirez correspondre avec un détenu, il est important de savoir que vous ne pouvez choisir le détenu avec qui vous correspondrez, mais seulement la langue de correspondance (Anglais ou Espagnol) et que certains sont emprisonnés pour des délits horribles.

[42] En 2003, Roger attendait depuis six ans que quelque chose bouge avec son recours. Il n'avait pas revu son premier avocat privé depuis une éternité (probablement 2-3 ans), il était comme suspendu dans le temps, sans aucune idée de ce qu'il allait devenir.

[43] C'est ma traduction du proverbe anglais bien connu : *« Where there's a will, there's a way. »*

Bibliographie

Byron Katie, *A Thousand Names for Joy: How to Live in Harmony with the Way Things are,* Harmony (USA), 2007

Carothers Merlin, *De la prison à la louange,* Éd. Foi et Victoire, Sion, 1974

Carothers Merlin, *Puissance de la louange,* Éd. Foi et Victoire, Sion, 1974

Eddy Mary Baker, *Science et santé avec la clé des Écritures,* Christian Science Publishing Society, Boston, USA, 1971

Ellul Jacques, *La subversion du christianisme,* La table ronde, 2001

Hawkins David R., *The Eye of the I,* Veritas Publishing, W. Sedona, USA, 2001

Mallasz Gitta, *Dialogues avec l'ange,* Éd. Aubier Montaigne, 1977

W. McGowen Roger, avec la collaboration de Pierre Pradervand, *Messages de vie du couloir de la mort*, Éd. Jouvence, 2003

Pradervand Pierre, *Une Afrique en marche,* Plon, Paris, 1989 (épuisé)

Pradervand Pierre, *Vivre sa spiritualité au quotidien,* Éd. Jouvence, 2007

Vitale Joe, *Zéro limites,* Éd. Le Dauphin Blanc, 2008

Pour soutenir Roger W. McGowen

↱ Sites

Site officiel international trilingue : www.rogermcgowen.org
Site du comité français de soutien : www.rogermcgowen.fr

↱ Soutien financier

C'est en grande partie grâce au soutien financier des lecteurs du premier livre *Messages de vie du couloir de la mort* (Jouvence, 2003) que Roger est encore en vie, car il nous a permis de payer les honoraires d'un excellent avocat depuis 2006. Mais il reste encore énormément à faire, et si un nouveau procès à lieu, cela nécessitera des fonds supplémentaires très importants.

Toute personne désirant apporter une contribution à la défense de Roger peut effectuer un virement bancaire au compte suivant :

Défense Légale RMCG
Banque Cantonale de Genève, Genève, Suisse
IBAN : CH 82 0078 8000 0501 7638 1
No de clearing bancaire : 788
BIC/SWIFT : BCGECHGGXXX

Les personnes résidant en Suisse uniquement peuvent également opérer un versement sur le CCP suivant, en indiquant **clairement** « Pour Roger McGowen » :

Pierre Pradervand CCP 12-67365-6 1200 Genève

Les honoraires de cet ouvrage sont versés pour la défense de Roger.

↱ Correspondre avec Roger

L'adresse actuelle de Roger est:

Mr. Roger W. McGowen, No 889
Allan Polunsky Unit
3872, F.M. 350 South
USA-Livingston, Texas 77351

Le numéro qui suit son nom est indispensable pour l'acheminement du courrier.

Il est important de savoir que si Roger est transféré dans une autre prison en cas de jugement imminent, il est fort possible que l'on ne fasse pas suivre le courrier.

Par ailleurs, il a rarement assez de timbres pour répondre à tous ses correspondants, même avec la meilleure volonté du monde. Néanmoins, il est toujours très touché par les lettres de lectrices et lecteurs lui parlant de l'impact positif de son livre.

En aucun cas, envoyer des colis ou des livres – ils seront détruits. Ne rien ajouter à la lettre, si ce n'est des textes, articles de presse, photos (et pas en trop grand nombre).

Merci pour tout ce que vous faites pour aider à créer un monde qui marche pour tous !

Achevé d'imprimer le 07/04/2012
sur les presses de l'imprimerie Nørhaven

Dépôt légal : 05/2012
Imprimé au Danemark

Ce livre est imprimé par Norhaven A/S, qui possède une certification environnementale qui assure une stricte application des règles concernant l'utilisation de papiers issus de forêts exploitées en gestion durable, et d'encres à base d'huiles végétales et d'eau, le recyclage et le traitement systématique des déchets, la réduction des besoins énergétiques et le recours aux énergies renouvelables.